ガバナンスと評価 6

公共サービスの外部化と「独立行政法人」制度

西山慶司 著

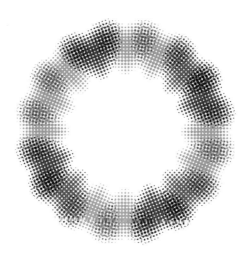

晃洋書房

目　次

【序　章】

公共サービスの外部化と「エージェンシー化」 ………………… 1

- ＋ 1．NPM と公共サービスの外部化　（1）
- ＋ 2．本書の構成　（7）

【第 1 章】

NPM と統制の理論的枠組み ………………………………… 11

- ＋ 1．NPM の特徴　（12）
- ＋ 2．NPM の抱える課題　（21）
- ＋ 3．NPM と統制の視座　（25）

【第 2 章】

英国のエージェンシー制度における統制の設計 …………… 35

- ＋ 1．エージェンシー制度の創設　（35）
- ＋ 2．エージェンシー制度の枠組みと統制　（47）

【第 3 章】

独立行政法人制度における統制の設計 …………………… 59

- ＋ 1．行政改革会議と独立行政法人制度の創設　（60）
- ＋ 2．独立行政法人制度の枠組み　（66）
- ＋ 3．独立行政法人制度と統制　（71）
- ＋ 4．特殊法人の独立行政法人化　（78）

【第4章】
「エージェンシー化」の日英比較 ……………… 89

+ 1．農薬安全庁（PSD）　（90）
+ 2．農薬検査所　（100）
+ 3．統制制度の比較と検証　（106）

【第5章】
独立行政法人制度の実際の運用 ……………… 115

+ 1．独立行政法人評価の実際の枠組み　（116）
+ 2．独立行政法人の見直しと政治化　（124）
+ 3．独立行政法人整理合理化計画の策定とその具体化　（128）

【第6章】
事業仕分けと行政事業レビュー ……………… 147

+ 1．事業仕分け　（147）
+ 2．行政事業レビュー　（161）
+ 3．事業仕分けと行政事業レビューの課題と評価　（167）

【第7章】
独立行政法人通則法改正と研究開発力の強化 ……………… 177

+ 1．独立行政法人制度の再考　（177）
+ 2．独立行政法人改革と研究開発力強化の展開　（182）
+ 3．研究開発力強化の接近と分離　（188）

【終　章】
NPM 型改革と統制 ……………… 197

あ と が き　(205)

参 考 文 献　(209)

索　　引　(221)

序　章　公共サービスの外部化と「エージェンシー化」

✛ 1．NPM と公共サービスの外部化

ニュー・パブリック・マネジメント（New Pubic Management: NPM）は，1980
年代の半ば以降，英国・ニュージーランド等のアングロサクソン系諸国を中心
に行政実務の現場を通じて形成された革新的な行政運営である［大住 1999：1］．
日本では，2000年度の『経済白書』で新しい行政管理手法として NPM が公式
文書に紹介され［経済企画庁編 2000：217-218］，さらに2001年に発足した小泉政
権になって初めての「骨太方針」である「今後の経済財政運営及び経済社会の
構造改革に関する基本方針」（いわゆる「骨太方針2001」）において，NPM という
文言が盛り込まれたことから，行政改革の切り札的思想として注目され始めた[1]
ものである．

　NPM には，「公共サービスの外部化」という側面がある．「省庁から執行部
門を分離し，執行部門を独立した機関として組織運営を実施する手法」[2]——
「エージェンシー化（agencification）」——は NPM から生み出された公共サービ
スの外部化の１つであり，その鍵となる要素は，省庁からの距離（distance）が
置かれることによる「管理の自由」（freedom to manage）である［Rhodes 1997：
95-96］[3]．実際，日本が独立行政法人制度の設計の参考にしたといわれる英国の
エージェンシー（Executive Agencies）制度は，公的部門に準自律的な組織を設
けることにより，政府の効率性や有効性を高め，国民に供給されるサービスの

質を改善することができるという信条のもとに創設されてきたものである〔君村 2006：32〕[4].

NPM型改革の実践的手法の一形態として創設された独立行政法人制度は、そもそも1997年12月の行政改革会議『最終報告』において、企画立案部門と執行部門とを分離し、執行部門のうち一定の事務・事業について、独立の法人格を有する「独立行政法人」を設けることが提言されたものである。時系列的にいえば、行政改革会議は橋本政権時に開催されたものであり、『最終報告』でもNPMという言葉を明示的に用いていない。また、独立行政法人制度は、肥大化した官僚システム、特に中央省庁のスリム化と併せて提起されたものである。それでも、久保木［2007：37〕は、独立行政法人制度がNPMの思考である市場メカニズム（market-type mechanisms）を行政組織の制度環境として採り入れ、その制度や運営に企業的な経営原理を導入するものであったことから、行政改革会議が日本のNPM型改革の源流を形成したと指摘している。ここでは、2001年以降の新たな中央省庁体制が提起されるとともに、「『公共性』の空間は官の独占物ではない」との認識のもと、日本の行政システムを「中央から地方へ」、「官から民へ」とシフトすることが強調されたからである。そのうえで、「企画立案と執行の分離」を企図した独立行政法人制度の導入が提起されたのである。こうして、独立行政法人制度の基本となる共通の事項を定めた独立行政法人通則法（1999年法律第103号。以下、単に「通則法」とする）が1999年7月に成立し、2001年4月には国の事務・事業の一部を担う独立行政法人（通称、「先行独法」）が59法人発足した。

その後、独立行政法人制度は、2001年12月に閣議決定された特殊法人等整理合理化計画に則って、特殊法人や認可法人（以下、特段の必要がないかぎり、単に「特殊法人」とする）に対する改革手法して活用されるようになり、2003年10月に34の特殊法人が32の独立行政法人に移行（通称、「移行独法」）した。度重なる独立行政法人改革の影響を受けて、年毎に増減はあるものの、2018年4月現在、87の独立行政法人が存在している一方で、最大113法人存続していた特殊法人

は33法人まで減少している[5]. また，広義の独立行政法人制度の範疇には，国立大学・大学共同利用機関等に対する国立大学法人制度や公立大学・公営企業等に対する地方独立行政法人制度が含まれる[6]. このように，独立行政法人制度を活用した組織は現代社会の中で広範にわたっており，新たな公共サービスの外部化の1つとして受容されているといってよい.

　他方，独立行政法人制度の運用の実態から，評価システムを中心にすでに様々な課題が明らかになってきている. 例えば，山谷［2006：260-264］は，独立行政法人を所管する各府省の独立行政法人評価委員会（以下，「府省委員会」という）や総務省の政策評価・独立行政法人評価委員会（以下，「政独委員会」という）における委員の中立性や専門性の問題点を明らかにしている. また，独立行政法人評価を実施することによるメリットが感じられない一方で，現場の負担が増えているだけという［福井・横澤 2008：116］，いわゆる「評価疲れ」については普遍的な見解といえる[7]. 加えて，独立行政法人全体に予算や随意契約削減の大枠をかけられたり，人件費の削減率を決められたりして，政府からの財政的拘束は強まっており，独立行政法人の自主性が必ずしも高まっているとはいえないとの指摘もある［東田 2008：125］.

　通則法については，2014年に改正（以下，「改正通則法」という）がおこなわれたことにより，府省委員会と政独委員会といった二重の評価システムから主務大臣を評価主体とした仕組みに変更となっている. しかし，これまでの展開を踏まえた独立行政法人の状況から，次の2つの問いを導き出すことができる.

〈1〉独立行政法人の制度設計上，主務大臣の関与は限定されていることから，相対的に独立行政法人の裁量が大きい仕組みとなっているにもかかわらず，どのように実践されていたのか

〈2〉独立行政法人制度は，頻繁に法人の廃止・統合を含めた見直しの議論に直面しているが，実際の政府による統制はどのようなものであったか

こうした問題意識にもとづき，独立行政法人創設に関する議論を敷衍してみる．『最終報告』において，積極的な特殊法人の見直しの議論を経て，なお存続が必要であると判断されるものについては，独立行政法人化の必要性があると整理している．そのため，通則法に則れば，「国民生活及び社会経済の安定等の公共上の見地から確実に実施されることが必要な事務及び事業であって，国が自ら主体となって直接に実施する必要のないもののうち，民間の主体にゆだねた場合には必ずしも実施されないおそれがあるもの又は一の主体に独占して行わせることが必要であるものを効率的かつ効果的に行わせることを目的として」設立される法人を独立行政法人としているのである．つまり，Rhodes［2000：56］の NPM が射程としている市場化（marketization）には馴染まないものの，契約型システムを活用する契約化（contractualization）を目的としているといえる［cf. Pollitt and Bouckaert 2011：100］．

このように独立行政法人化と契約化を並列に論じる背景には，NPM が公的部門における市場メカニズムの活用を目指しているからである．独立行政法人は，公共上の見地から確実に実施されることが必要なものであることに鑑み，適正かつ効率的にその業務の運営が求められている．つまり，独立行政法人制度では，法律の枠組みの中で，多種多様な目標・計画を効率的に達成することが市場メカニズム導入の目的にあるといえる．契約化についてはどうか．確かに，民間企業は市場メカニズムの中で利潤拡大に向けた行動を取ると考えるのが妥当である．しかしながら，公共サービスの契約化は，その性格から，利潤の最大化を達成するための手法ではなく，これもまた，効率的に達成する1つの手法である．

ここで，エージェンシー化，独立行政法人化，契約化の関係をそれぞれ整理してみる．まず，エージェンシー化と独立行政法人化についてである．そもそも，英国のエージェンシーは，行政の組織内部に権限行使の自由を与え，業務の効率化を図るところにその主目的があり，独立の法人格を有するものでない［藤田 1999b：112］．その一方，独立行政法人は行政主体としての性格をもち，

広い意味で国の行政を担うものであるが，国からは独立した法人格が与えられている．しかしながら，部分的に市場メカニズムを取り入れている疑似市場（quasi-markets）という観点からは両者は共通の性格を有するものである［cf. Rhodes 2000：56］．

次に，エージェンシー化と契約化については，廣瀬［1998：304-305］に沿いながら説明する．両者は公共サービスの外部化にともなうものであるが，政策を目的と手段の２つの要素に分けた場合，ともにその目的は変わらないものである．例えば，車両登録事務をエージェンシー化しても，車両を登録することによって，課税の対象を把握するとともに，一定の安全基準の確保を図るという政策の目的は不変である．他方，契約化によって，それまで政府が直接実施していた行政サービスは，政府以外の主体によって供給されることになるが，そのサービスの適正な供給のために，統制といった形態で政府が関与する．すなわち，あるサービスが社会に対して適切に提供されることを確保するという政策目的は維持されるのである．

しかしながら，その手段について両者は異なる．エージェンシー化は，政策の実現のために公務員による事務遂行という手段をとることに変わりはないものの，契約化は，その実現手段が政府の直営から外れ契約型システムの運用に変化したと捉えられるからである．つまり，エージェンシー化，契約化ともに，手法の選択やその管理の適切性が問われるのである．そして，エージェンシー化は，一定の期間とコストで一連の結果を達成するプリンシパル（principal）とエージェント（agent）の間における疑似契約（quasi-contract）という点で契約化と同根であり，共通の要素をもつ改革手法という整理が可能である［cf. Pollitt and Bouckaert 2011：99］．

最後に，独立行政法人化と契約化の視点である．NPM の理論面を支えたバックボーンとしては，1960年代から1970年代にかけて発展したプリンシパル・エージェント理論（principal-agent theory）等といった新制度派経済学（new institutional economics[8]）と1980年代の企業タイプのマネジリアリズム（business-type managerialism）といわれる組織管理論が母胎となっている［Hood 1991：5-6；西村 1997：115-116；原田 1999：15］．南島［2010：25-29］は，この NPM を「市場型NPM」と「企業型 NPM」との２つに区別して議論している．「市場型 NPM」は，規制緩和や民営化といった政府の役割の見直し，あるいは市場メカニズムの活用を論じるものである．つまり，契約化による疑似市場の活用という観点からは，市場型 NPM にアクセントをおいた範疇の議論となろう．市場型NPM では，経済学の文脈，特に市場メカニズムの重視という視点が踏まえられているからである．つまり，経済学を共通言語としながら，新制度派経済学の諸理論を活用し，公的部門の改革を論じているのである．

　他方，民間企業の目標管理，人事評価，業績給，企業会計，内部統制，外部監査といった改革は「企業型 NPM」のカテゴリーに含まれるものである．そのため，企業型 NPM は，行政を企業経営になぞらえて「行政経営」という呼称を用いることが好まれる．つまり，行政あるいは民間のどちらにおいても，組織管理としてみれば共通の要素があるのではないかという仮定を置いて，顧客志向や成果主義を唱える改革アイデアに他ならないのである．独立行政法人は，契約型システムの活用により，独立の法人格を有し，業務の特性に応じた目標管理，業績主義にもとづく人事管理，企業会計原則を基本とした会計処理を実施することが認められている．このように，市場型 NPM と企業型 NPMが複合しながら独立行政法人化と契約化の視点は展開することがわかる．

　以上のように，エージェンシー化，独立行政法人化，契約化は共通の視座から関連しあうものであり，公共サービスの外部化を実践している広義の「独立行政法人」制度を本書の題材として取り上げる理由でもある．そこで，本書では，政治学・行政学の観点から，① NPM と統制の理論的枠組みを整理したうえで，② 日英のエージェンシー化の制度設計分析とその比較をおこない，③独立行政法人化とその実際の展開を考察することで，「独立行政法人」制度における統制の影響がいかなるものかを論究していく．

　以下，本書における留保事項を述べておく．第 1 に，本書では公共サービス

の外部化による分離と関与の観点から，英国のエージェンシー制度をモデルにしたといわれる独立行政法人制度を軸に，その概念であるエージェンシー化と独立行政法人化を取り上げている．そのため，民間委託といった政府内の組織形態の変更をともなわない公共サービスの外部化，あるいは政府からの完全な独立を志向する民営化については，本書の対象としていない．

第2に，エージェンシー化の事例研究においては，農薬登録に関する許認可的機能を担っている日英の機関を取り上げ，それぞれを訪問し，ヒアリングをおこなった情報をもとに整理している．そのため，この事例研究はある意味，時限的かつ限定的であり，これにより解明できる点は必ずしも普遍的とはいえないものの，業務内容が同種で政府との関係が深い機関を同時期に調査したという観点から，本書に寄与できるものと考える．

第3に，英国のエージェンシー制度については，独立行政法人制度発足の時点での比較に留まっており，その後のエージェンシー制度の興隆の変化については本書の対象としていない．しかしながら，本書は独立行政法人制度の対置概念として，エージェンシー制度を据えることで，裁量と統制といったエージェンシー化にともなう論点を提供することが可能と思われる．

第4は，通則法についてである．既述のとおり，改正通則法により独立行政法人の評価システムは変更されているが，本書では改正通則法の成立およびこれにともなう関連事項までを対象としており，現在実施されている制度の実態については触れていない．それでも，中西［2014：3］が述べているように，改正通則法が成立したことにより，長年にわたった独立行政法人改革に1つの結論が示されたことから，これを本書の区切りとしている．

╋ 2．本書の構成

本書の構成は次のとおりである．続く第1章では，エージェンシー化の土台となるNPMと統制の理論的枠組みについて整理する．具体的には，NPMの

背景や特徴を概括するとともに，制度設計の骨格となる NPM と統制における
いくつかの視角を明らかにする．

　第2章では，エージェンシー化の先駆的なモデルである英国のエージェンシー
制度における統制の設計について考察する．冒頭で述べたとおり，エージェ
ンシー制度は，独立行政法人の制度設計において参考にしたといわれるもので
ある．そこで，エージェンシー制度創設の起点となった政府報告書の分析を中
心に，エージェンシーに対してどのような統制システムが制度設計されている
のかを展望する．

　第3章では，独立行政法人制度における統制の設計に関する分析をおこなう．
行政改革会議における独立行政法人の制度設計過程を整理し，独立行政法人に
対してどのような統制システムが法的に担保されているのかを分析する．また，
『最終報告』で議論された特殊法人の独立行政法人化について，独立行政法人
と特殊法人との相違を区別したうえで，特殊法人に内在するいくつかの課題を
明らかにする．

　第4章では，事例研究として，英国のエージェンシーと独立行政法人との比
較をおこなう．類似した機能をもつ日英の機関を比較することで，日英におけ
る統制の相違の明確化を試みる．また，日英のエージェンシー化の制度設計の
相違にもかかわらず，政府部内の統制強化とエージェンシー化の本来の意図と
の矛盾が共通するかを確認する．本章を「横の比較」と呼ぶならば，次章以降
の独立行政法人制度の実際を分析することは，1つの制度を時系列に展開する
「縦の比較」と位置づけることができよう．

　第5章では，独立行政法人の評価システムに焦点を当てて，独立行政法人制
度の実際の展開を論じる．特に独立行政法人の見直しについては，どのように
政府の強い判断の影響を受けているかを検証する．また，独立行政法人改革に
みられる新たな展開は特殊法人改革の潮流が踏襲されているかを確認する．そ
して，独立行政法人に対する統制の決定要因として，政治が強く影響している
かについて明らかにする．

第6章では，最も政治的な影響を受けたといってよい旧民主党（以下，単に「民主党」という）の行政改革の目玉であった事業仕分けとこれを踏まえて制度設計された行政事業レビューについて考察する．この章は，他の章とやや次元を異にするテーマであるように思われるかもしれないが，事業仕分けや行政事業レビューにおいても，独立行政法人に対する政府の影響力が行使されており，独立行政法人評価の混乱に拍車をかけているかについて確認する．

そして，第7章では，現在の第二次安倍政権の下，独立行政法人の機能を最大限発揮させるための改正通則法と研究開発力の強化について取り上げる．改正通則法で新たに制度設計された，中長期的な目標管理によって研究開発に関する事務・事業をおこなう独立行政法人（以下，特段の必要性がない限り，単に「研究開発法人」という）の枠組みについては，研究開発力の強化に資するため，これまでの制度の見直しとは異なる展開を経て，改革の俎上に載せられたものであり，独立行政法人制度に混乱を生じさせているかを考察する．

最後に，終章では，本書のまとめと残された課題について述べる．

注

1） 参照，内閣府ホームページ（https://www5.cao.go.jp/keizai-shimon/cabinet/2001/0626kakugikettei.pdf, 2018年12月23日閲覧）．

2） この定義は，Lane［2009：邦訳 73］に依拠している．なお，スウェーデンから始まったエージェンシー化の由来については，古川［2001：167-168］を参照．

3） 例えば，大住［1999：45-56］は，公的企業の民営化，民間委託やバウチャー制度等の広義の民営化手法，プライベート・ファイナンス・イニシアティブ（Private Finance Initiative: PFI）による社会資本整備，エージェンシー化，そして内部市場システムの5つを NPM のモデルとしてあげている．

4） エージェンシーは，エグゼクティブ・エージェンシーとトレーディング・ファンド（Trading Funds）に細分されるが，本書ではエグゼクティブ・エージェンシーのみを対象としている．トレーディング・ファンドは，所管事業の運営財源の50％以上をいわゆる自己収入で賄うことが可能なエージェンシーのことであり，エグゼクティブ・エージェンシーとは別のカテゴリーとして区分されているからである［三菱UFJリサーチ＆コンサルティング 2007a：6］．

5）　参照，総務省ホームページ（www.soumu.go.jp/main_content/000544214.pdf，2018年10月22日閲覧）．認可法人はこの法人数に含まれていない．なお，認可法人とは，特殊法人と同様，「政府が特別の法律で設立した法人」であるが，法人を設立するときに，国だけが設立委員を任命しているものを特殊法人とし，民間からも設立委員が選出されているものを認可法人としたものである［松原 1995：80］．

6）　独立行政法人の経験を踏まえた地方独立行政法人の制度設計の論点については，例えば西山［2005］を参照．

7）　山谷［2010a：ii］では，「評価疲れ」を「何のために評価するのか目的が無く，また全く利用されないにもかかわらず評価コストがかさむために，疲労感が高まる」と説明している．

8）　プリンシパル・エージェント理論の考え方は，第2章のエージェンシー・コスト理論の説明を参照のこと．

第 1 章　NPM と統制の理論的枠組み

　序章で述べたとおり，NPM は1980年代の半ば以降，英国・ニュージーランド等のアングロサクソン系諸国を中心に行政実務の現場を通じて形成された革新的な行政運営の考え方であり，その核心は，企業における経営理念や手法，さらには成功事例等を可能な限り行政現場に導入することによって，行政部門の効率化と活性化を図ることにある［大住 1999：1］．よりマクロ的にいえば，NPM は「公共サービスの供給形態の変容」と総括できる．廣瀬［1998：314］が指摘するように，これは政策手段の管理手法を変更しようとするものである．この手法を広く解釈すれば，次の5点の考え方をあげることができる［Pollitt and Bouckaert 2011：10］．

　　〈1〉測定を通じた業績主義，成果志向
　　〈2〉行政組織のフラット化，小規模化，分権化
　　〈3〉契約型システムの活用（契約化）
　　〈4〉市場メカニズムの活用
　　〈5〉顧客志向，質の改善[1]

　NPM は，後述のとおり，Hood［1991］がそのように呼称してから，用語として一般化したものである．しかしながら，NPM と名付けた Hood 自身も述べているように NPM の定義は多様であり，また NPM と業績や成果に対するアカウンタビリティ（accountability），特にエージェンシー化による統制側と被統制側との関係については，必ずしも整理されているとはいえない状況にある．

そこで，本章では，エージェンシー化を具現化した英国のエージェンシー制度や独立行政法人制度の議論に入る前に，その土台となる NPM と統制の理論的枠組みに関して整理する．

＋ 1．NPM の特徴

（1）NPM の世界的背景
　戦後，市場での自由な取引だけに任せていたのでは，多様な政策領域において望ましい資源配分が実現されない「市場の失敗」を是正する役割の期待から，先進諸国の公的部門は，拡大傾向をたどってきた[2]．つまり，こうした「市場の失敗」の対象となる政策領域に対して，行政は政治部門から権限付与を受けていたのである［南島 1999：84］．しかし，1970年代後半以降，「財政赤字と公的債務の肥大化」と「公的部門の業績と成果の悪化」という 2 つの問題が顕在化し，「市場の失敗」とは対照的な「政府の失敗」が広く認識されることになった．ここでいう「政府の失敗」とは，政府活動の弊害として指摘される次の事項を指す．

〈1〉資源配分の非効率化と公的部門の肥大化の傾向
〈2〉政策対象が特殊・私的利益に偏りやすい傾向
〈3〉過剰に公共サービス・財の見積りがおこなわれる傾向
〈4〉技術動向に過敏となる傾向
〈5〉競争圧力の欠如等のため組織管理が十分におこなわれないことから発生する非効率性の傾向

　この「政府の失敗」の克服を目指し，主に1980年代に各国で取り組まれたのは，均衡財政を厳しく守ったうえで公的部門を縮小するという，いわゆる「小さな政府」を目指す改革であった．この改革は当初，例えば国営企業の民営化といった形で，肥大化した公的部門を縮小し，累積した財政赤字を減らす等，

表 1 - 1 「小さな政府」志向の改革方策

項　　　目	内　　　容
「広義の民営化」の実施	• 政府の役割や活動領域の見直し • 民間委託やバウチャー制度等を活用した公共サービスの提供方法の見直し
「契約型システム」の構築	• 業績と成果に対するアカウンタビリティを前提とした，執行部門への権限委譲（経営資源の使用に関する裁量権の拡大やヒエラルキーの簡素化）
「成果志向のマネジメント・サイクル」の構築	• 戦略計画の策定 • その達成度合いを業績測定する評価システムの設計
「顧客志向のマネジメント・モデル」の構築	• 政策への顧客ニーズの反映 • 顧客への効率的かつ的確な価値提供の実現
「自律的な改善活動を誘発するインセンティブ」の設計	• 能力と業績による昇給や昇進への反映 • 定型的な業務のシステム化

出典：「新たな行政マネージメント研究会」の報告書『新たな行政マネージメントの実現に向けて』（2002年5月13日）をもとに筆者作成.

一定の成果をあげたものの，1980年代後半以降の先進諸国では，業績や成果の達成を重視した公的部門全体の包括的な構造改革へと移行していった．その具体的な内容は，表1-1のとおりである．

　このような改革方策は，民間企業で活用されている経営理念や手法を，可能な限り公的部門に適用することにより，公的部門のマネジメント改革を図ろうとするものであり，その結果として，公的部門の運営や公共的価値の提供方法が新しいパラダイムへと変化してきている．この世界各国でみられる新しいパラダイムがNPMと総称され，世界的な潮流となっているものである．

（2）NPM の概念整理

　ここでは，新しいパラダイムである NPM を概念的に整理する．Barzelay［2001：159］は，NPM を次の3つに分けて説明している．第1は，ニュージーランドにおけるロンギ政権下の公的部門改革である．ここでいうニュージーランドの公的部門改革は，改革を主導したロジャー（Roger Douglas）財相の名をとり，英国サッチャー首相の「サッチャリズム」，米国レーガン大統領の「レ

ーガノミックス」と並んで，「ロジャーノミクス」と呼ばれることもある［和田 2007：18］[3]．このロジャー財相の改革の青写真となっているのが，1984年の『経済運営（Economic Management）』と1987年の『政府運営（Government Management）』である．これらは，市場自由化・税制改革・中央銀行制度改革といった経済改革だけでなく，公的部門の改革全般におよぶ包括的なものであり，特に Barzelay［2001：159］が NPM を体系的に示したものと位置づけている『政府運営』の影響を受けて，徹底した規制緩和，公的部門への市場原理・契約概念の導入，そしてエージェンシー化が矢継ぎ早に実行されていった［稲継 2003：50］．

　第 2 は，Osborne and Gaebler［1992］の『行政革命（Reinventing Government）』やこれに沿って OECD が唱えた行政改革である[4]．実際，1993年からの米国クリントン政権において，国家業績評価（National Performance Review．その後 National Partnership for Reinventing Government と改称）といわれる業績指向型改革の基本方針として採用されたのが，「起業家（entrepreneurial）志向の行政」と呼ばれるものであった［参照，久保木 2007：29］．Osborne and Gaebler［1992］が提唱するこの内容は，以下の10か条である．

〈1〉触媒としての行動：舟を漕ぐより舵取りを
〈2〉地域社会が所有する行政：サービスからエンパワーメント（権限付与）へ
〈3〉競争する行政：競争による活性化の促進
〈4〉使命重視の行政：規則重視の組織からの転換
〈5〉成果重視の行政：成果志向の予算システム化
〈6〉顧客重視の行政：官僚のためではなく顧客ニーズの満足を
〈7〉企業化する行政：支出より自己収益を
〈8〉先を見通す行政：対処療法より予防を
〈9〉分権化する行政：階層制から参画とチームワークへ

〈10〉市場志向の行政：市場をテコに変革を

　そして第3は，NPMを名付けたといわれるHood [1991] による講学上のカテゴリーである．Hoodは，NPMを「1970年代末以降，多くのOECD諸国における官僚制改革のアジェンダを支配してきた広範囲に共通もしくは類似している行政上の教義を総括する簡略な名称」[ibid.：3-4] として用いている．現実の英国において，NPMは，サッチャーやメージャーの保守党政権の行政改革を指すものとして用いられている [久保木 2007：28]．

　こうしたNPMには，行政管理について，ある種の共通理解 [伊藤 1991：7] が潜んでいる．表1-2に示されているような7つの教義上の構成要素 (doctrinal components) がそれであり，ほとんどのNPMに含まれている特徴といえる [Hood 1991：4-5]．これらの構成要素は，すべての場合に単純あるいは均衡に現れるものでなく，例えば①と⑥のように，互いにある程度オーバーラップするものがある [ibid.：4]．また，ここに列挙された構成要素が行政管理の基本的考え方のすべてに抵触していくというものでもなく，⑤，⑥等組織のあり方にほとんど影響されないものも含まれる．伊藤 [1991：9] では，なんらかの形で組織のあり方に影響を与えるものとして次のような説明をしている．

　　特に，第1，第4（表中における①および④）は，組織が機能的にも政策から分離されず，むしろそれに従属している現状によって，その実現を著しく妨げられているといえる．また，第2，第3（表中における②および③）は，組織への依存から脱却し，自己完結した政策が初めて成り立つ考え方であって，この面から組織と政策の機能的な分離を要請するものとみることができる．〔括弧内は筆者が加筆〕

では，本書の対象としているエージェンシー化に当てはめてみると，これらの教義上の構成要素はどのように整理できるのだろうか．稲継 [2000b：18-19] は，この点について，Hood [1991] に依拠して，英国の公務員制度を例に概説して

表 1 - 2　NPM の教義上の構成要素

	教　　義	意　　味	典型的な正統化根拠
①	実践的で専門的な行政経営 (hands-on professional management)	「目に見える」マネージャーのトップに委ねられた権限の管理の自由	アカウンタビリティが要求するのは権限の拡散ではなく，明白な責務の割り当て
②	業績の明確な基準と指標	成功の指標として測定可能な目的や目標の定義づけ	アカウンタビリティは明確に定められた目的を意味する．効率性を追求するには，目的や目標を鋭く見据えることが必要
③	結果統制 (output controls) の重視	業績に連動した資源の配分と報酬	手続きよりも結果の重視が必要
④	公的部門の個別単位の分解への転換	公的部門を事業別に編成 (corporatized units around products) のうえ，独自の予算権限を付与し，互いに対等な (arms-length) 取引関係が可能な組織体に再編	供給部門と生産部門を分離し，公的部門内部にも契約やフランチャイズの考え方を取入れ，その単位毎の経営ができるようにすべき
⑤	公的部門の競争強化への転換	期限付契約や入札手続の導入	より安く，より高い水準を確保するには競争が鍵
⑥	民間部門の経営実践スタイルの強調	軍隊式の公共サービス倫理 (public service ethic) から，より柔軟な給与，採用，規則，広報への転換	すでに民間部門で実証済みである (proven) 経営ツールを取り入れることが必要
⑦	公的資源活用に際しての規律・倹約の重視	直接的費用の削減，労働規律の向上，組合の要求への抵抗，業務請負費用の軽減	公的部門の資源需要をチェックし，少ない資源でより多くおこなう (do more with less) ことが必要

出典：Hood [1991：4-5]，稲継 [1999：488；2000b：18；2003：48]，秋月 [2010：146]．ただし，筆者が一部加筆・修正．

いる．まず，①から，トップには匿名でない可視的な管理者が置かれ，権限委譲が図られるようになる．②から，機関の長であるチーフ・エグゼクティブ (Chief Executive) との雇用契約において業績指標が明示され，それが大臣と長との協定書であるフレームワーク・ドキュメント (framework documents) 等に記載されることになる．③から，機関のチーフ・エグゼクティブは期間内に達成した結果に従って契約更新や更新時の給与の交渉がなされるようになる．④

から，一枚岩的な公務員ではなく，それぞれの機関の職員という考え方が広まるようになる．⑤から，期間を限定した雇用の可能性が出てくる．⑥から，柔軟な採用・給与・勤務形態への移行・導入が図られるようになる．そして，⑦からは，職員数をより削減して人件費を抑制する傾向が考えられる．実際，英国のエージェンシーでは，①，②，③および⑤に従って，公募で採用されたチーフ・エグゼクティブと主務大臣との間に業績指標を明示した契約が結ばれ，④および⑥に従い，エージェンシー毎に人事給与制度がかなりの程度，多様化するようになってきている［稲継 2000b：19］．このように，エージェンシー化はほとんどの構成要素を満たしていると考えられる．

（3）NPM の実践的特徴

本節では，ここまで整理してきた NPM の観念的な特徴からさらに踏み込んで，NPM の実践的特徴と導入プロセスについてみていくことにする．大住［1999：36］は，NPM の実践的特徴を次の3つのポイントに集約している[6]．

① 公的部門をより分権化，分散化した単位の活動を調整することで，市場分野であろうとなかろうと「競争原理」の導入を図ること

② 政策の企画立案部門と執行部門とを分離し，前者は集権的に全体の整合性に配慮しつつ決定し，後者は分権化した業務単位に権限を委譲すること

③ 業績と成果にもとづく管理手法を可能な限り広げること

①と②は相互に関連しているが，行政の機能をより細分化し，行政サービスの執行に関する部門を企画立案部門から切り離し，可能な限り契約にもとづくシステムへと置き換えるものである［同：36］．この考え方は，主に公的部門側からの観点からみたものである．NPM は，政策および事業の規準が提供サイドである公的部門からサービスの顧客である国民の側に移るため，顧客志向という視点から，組織の簡素化や機能の単純化といった組織改革をともなうもの

であるとの指摘もある［工藤 1999：18］.

　③の業績と成果は，通常「3E」と呼ばれる Economy（経済性），Efficiency（効率性），Effectiveness（有効性）の規準で示される[7].　これは，「支出に見合った価値」であるバリュー・フォア・マネー（Value for Money）」の実現という，より実相的な概念として考えることが可能である［Butt and Palmar 1985：10-11］.　経済的な規準を超えた次元では，この「E」を均等性（Equality），公平性（Equity），評価性（Evaluation）といった捉え方も可能である［Talbot 2004：16］.

　「3E」の機能は次のとおりである．「経済性」はアウトプット（output）を一定としてインプット（input）の最小化を図ること，「効率性」はインプットを一定としてアウトプットの最大化を図ること，そして「有効性」はアウトプットを通じてアウトカム（outcome）を達成することである［大住 2002：53-54］[8].　ただし，公的部門では，主に公共財を産出していることから，市場によるチェック機能は自動的に働かず，有効性については，政策目標という市場と全く別個の規準や目標値との比較が必要とされている［大住 2001：155］.

　また，NPM は，①提供する行政サービスは公共の利益に資するうえで必要なものか，②もし必要な場合でも民営化できないか，③民営化が困難で行政が提供するにしても民間委託できないか，④民間委託できない場合でも公民のパートナーシップで対応できないか，⑤それでもなお残る行政の仕事には契約化による疑似市場を活用し，何らかの競争原理を働かせて，政府部門の効率化・活性化を図れないか，という導入プロセスをもっている［吉田 2000：14-15］.　このように，行政サービスの要・不要が NPM を進めるかどうかを判断する最も大きな要素である．これは，表1-3のとおり，1980年代以降の英国の施策をみれば明らかである．また，この展開は，エージェンシーにおける組織形態選択の検討（organizational option test）にも符合するものである.

　一方，日本においては，少なくとも1990年代前半までは NPM 型改革が進められてこなかったというのが内外の一般的な意見であった［Hood 1994：132；稲継 2000a：270］.　しかし，1990年代後半から中央省庁等の改革が本格化するとと

表1-3 英国のNPM年表

年	主要政治イベント	主　要　施　策
1979	サッチャー政権発足	効率監察 (Efficiency Scrutiny)
1980	鉄鋼スト	地方自治体への強制競争入札 (Compulsory Competitive Tendering: CCT), 大臣のための管理情報システム (Management Information System for Ministers)
1981	公務員省廃止	その職務は財務省と新設の内閣官房・管理人事庁に移管
1982	フォークランド紛争	財務管理イニシアティブ (Financial Management Initiative), 地方財政法1982により監査委員会 (Audit Commission) 設置
1983	総選挙	会計検査院法 (National Audit Act) 1983により会計検査院 (National Audit Office: NAO) 設置, バリュー・フォア・マネー (Value for Money) 検査
1984	炭鉱スト, 港湾スト	政府購入 (Government Purchasing) 作業プログラム
1985		公務員の業績給 (Pay Linked to Performance) 導入
1986	大ロンドン都 (Greater London Council: GLC) 廃止	
1987	総選挙	イブス報告 (非公表)
1988		イブス報告によりエージェンシー設置, CCT適用範囲拡大
1989		ネクスト・ステップス・プログラム (Next Steps Programme)
1990	保守党党首選・メージャーへ	
1991		市場化テスト (Market Testing), シティズンズ・チャーター (Citizen's Charter), 質の向上を目指す運動 (Competing for Quality)
1992	総選挙	プライベート・ファイナンス・イニシアティブ (Private Finance Initiative: PFI)
1993		基本支出レビュー (Fundamental Expenditure Review)
1994		公務員白書「持続と変化 (Continuity and Change)」, PFIの一層の推進
1995		公務員白書「持続と変化に向かって (Taking forward Continuity and Change)」
1996		
1997	総選挙・ブレア労働党政権へ	
1998		包括的歳出レビュー (Comprehensive Spending Review: CSR), 公共サービス協定 (Public Service Agreement: PSA)
1999		政府の現代化 (Modernizing Government)
2000		PSA年次報告
2001	総選挙	医療や教育への民間セクター参入表明
2002		
2003		
2004		
2005	総選挙	
2006		
2007	労働党党大会・ブラウンへ	

出典：稲継 [2000a：266], 君村 [1998：12-15], 梅川編 [2010：250-260]. ただし, 筆者が一部加筆・修正.

もに，強固な官僚制を中心におく伝統的な行政システムのあり方に対する見直しも検討されるようになった．

これまで日本でNPMが発展しなかった理由としては，例えば採用・昇給等の執行機関の人事について人事院が制度的に所管しており，NPMの教義の1つである「結果統制の重視」という自由な人事制度が取れなかったことがあげられる [Hood 1994：132]．また，1970年代の英国をみれば，経済パフォーマンスの良否および政府の非効率性がNPM型改革を進める最も大きな要因であることは明らかであった．だが，日本ではこの時点で経済パフォーマンスが良く，政府の非効率性が指摘されることも少なかった [稲継 1999：506]．

しかしながら，1990年代後半に入りようやく，これまでの行政改革の成果が見込めず，政府の行政改革が紆余曲折するなかで，NPMが注目され始めてきた [野田 2001：98][9]．「骨太方針2001」では，NPMが公的部門においても企業経営的な手法を導入し，より効率的で質の高い公共サービスの提供を目指すという革新的な行政運営の考え方であり，その理論は，① 徹底した競争原理の導入，② 業績と成果による評価，③ 政策の企画立案と執行の分離，という概念にもとづくものと説明されている．そして，民間でできることは，できるだけ民間に委ねるという原則のもとに，公共サービスの提供に市場メカニズムを活用し，そのサービスの属性に応じて，民営化，民間委託，PFIの活用，そして本書の主対象である独立行政法人制度の方策の活用に関する検討を進めるものとしている．独立行政法人制度をこの文脈にあてはめると，次のとおり説明が可能である．

〈1〉 徹底した競争原理の導入

　　　民間開放できない事務・事業に限定し，公共サービスを民間のように効率的に実施

〈2〉 業績と成果による評価

　　　業務実績の評価や中期目標期間終了時における業務・組織の見直し

を実施

〈3〉政策の企画立案と執行の分離

行政内部の企画立案部門と執行部門を分離することにより，可能な限り執行部門に権限を委譲し，自立した組織体として運営

2．NPM の抱える課題

（1）NPM の理論的課題

既述のとおり，新制度派経済学と組織管理論が NPM の理論面を支える母胎となっている．伊藤［1991：10］では，新制度派経済学が顧客選択，透明性およびインセンティブが働く構造への集中といった観念に，組織管理論が管理の専門職業化（expertise）という観念に，それぞれ立脚する一群の行政改革原則の形成を促すものとしている．そして，これら 2 つの系統の観念が結合することによって NPM は生み出された．しかし，これらが容易に両立可能であったというわけではなく，例えば英国のように NPM 型改革がトップダウンによって強行された国では，むしろ対立面が目立った［同：10］．さらに，これら 2 つの系統観念のうちで，どちらに優先度があるかという点についても各国によって異なっていた．

これらの理論的問題点は以下のとおりである．新制度派経済学については，Jensen and Meckling［1976］によって発表されたエージェンシー・コスト理論が参考となる[10]．エージェンシー・コスト理論によれば，エージェンシー化によって，政策の企画立案部門と執行部門の分離がなされる場合，執行部門は企画立案部門から政策の執行を委託されたとみなされる．そのため，企画立案部門をプリンシパル（本人）とすると，執行部門はそのエージェント（代理人）となり，両者の間にはプリンシパル・エージェント関係（本人・代理人関係）が成立する．エージェントは本来，プリンシパルに帰属する価値（政策の成功）を最大化するよう行動しなければならないはずである．しかし，実際は必ずしもそ

うではなく，プリンシパルを裏切るような無駄遣いをおこなう場合がある．そこで，プリンシパルはエージェントの浪費で政策の価値を低下させないようにコントロールしたいと考える．そのために，多大なモニタリング・コストをかけても，エージェントの無駄遣いを抑えられるのなら構わないと考える．結局，このコストは政策の価値をそれだけ圧迫することになる．他方，エージェントからすれば，それこそ無駄なモニタリング・コストで政策価値が減殺されてしまうのを回避するために，自らを信用させるための説明や情報開示に要するコストであるボンディング・コスト（bonding cost）が発生する．これらのコストは企画立案部門と執行部門が分離しなければ発生しなかったコストである．このようなエージェンシー関係によるコスト問題は，経済学ではエージェンシー・コストと呼ばれるものである［参照，経済企画庁編 2000：219-220］．この考え方は，NPM によるエージェンシー化の問題点を示唆していると思われる．

　経営学的な組織管理論は，マネジリアリズム等による強い影響の一部が，目標や成果指標を設定し，その期待する達成度を決め，これをもとに実際の活動を測定する「目標による管理」的な発想の導入に付随してあらわれるという論点がある．このとき，目標を設定する段階で目的に指標を当てはめるという操作主義（operationalization）がおこなわれ，この過程で目標は抽象化または数値化し，具体的な事項が捨象される［山谷 2000：92-93］．この問題については，Rhodes［1997：55-56］の指摘が参考になる．第 1 に，マネジリアリズムはそもそも組織内の関心事に適用されるということである．マネジリアリズムは，階統制による統制やはっきりとした権威の配列，そして責任にもとづいて「3E」やバリュー・フォア・マネーに集中する傾向がある．第 2 に，マネジリアリズムは目的に固執することである．マネジリアリズムは1980年代から1990年代にかけての「目標による管理」の復刻版である．そのため，時間をともなう管理を視野に入れていない．これら 2 つは，英国における NPM の矛盾点として一般的に指摘されていることである．

（2）NPM の発現形態の相違

NPM が提示する理念は，従来の組織メカニズムを大きく変えるものが含まれる．そのため，NPM の発展に際しては，軋轢がともなう可能性が高い．例えば，白川・富士通総研経済研究所編 [1998：96-97] では，NPM 導入の課題として次のように指摘している．

〈1〉 公的セクターの中でも，私企業的なマネジメントの適用で改革できる分野とそれが相応しくない分野があるはずであり，NPM 理論の適応範囲には自ら限界がある

〈2〉 業務の機能にもとづく行政組織の細分化や契約型システムへの変革は，公的セクター内部の全体的な調整をどのように進めるかという問題を生む

〈3〉 私企業のマネジメントで問われるのは収益をあげたか否かであるが，公的セクターのマネジメントで問題となるアカウンタビリティはそれほど単純なものではなく，また，パフォーマンスの計測そのものが困難な場合が多い

〈4〉 そもそも公的セクターに就職した者は，私企業に入って私的利益の追求をしようと思わなかった者であり，私企業のマネジメントを導入するというインセンティブをもっていない

これらの課題の背景には，NPM をそのまますべての国に導入するのが無理という主張がある [原田 1999：20][11]．官僚制の発達が民主主義の確立と比べて早いか遅いか，あるいは法治国家の社会的浸透度が高いか低いかという観点に配慮する必要があるからである．事実，NPM は，OECD 諸国，アングロサクソン系諸国，英語圏といった大枠に限定されるものでない．1980年代の OECD 諸国内で比較した場合，NPM の発現が高く現れている国は，英国，オーストラリア，ニュージーランド，カナダ，スウェーデンであり，逆にそれが低い国として，トルコ，日本，スイス，スペイン，ギリシャ，ドイツであるといわれ

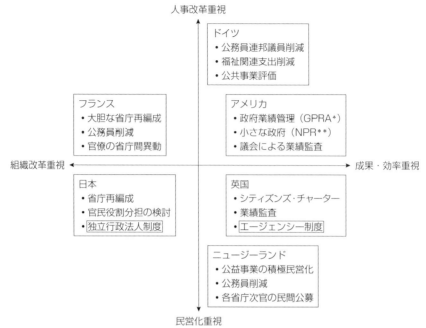

*GPRA: Government Performance and Results Act（政府業績成果法）．
**NPR: National Performance Review（国家業績評価）．

図1-1　各国のNPM発現形態
出典：民営化に関する研究会［1998：4］．ただし，筆者が一部加筆・修正．

る［Hood 1994：133；稲継 2000a：297］．また，NPMの発展がみられる国の中で比較しても，例えばNPMのトレンドを主導してきた英国やニュージーランドのように，国が主導的役割を果たすトップダウン方式と，北欧等のように，自治体および地域からボトムアップ方式で推進する場合がある［宮脇・梶川 2001：33］．つまり，NPMは，国やその法体系により，あるいはNPMが導入された時期により，そのコンセプトにはかなりの幅があるといえる（図1-1）．換言すれば，NPMは，その国の「歴史的経路」を踏まえながら段階的に進められるべきものであり，多様な展開があって然るべきである［小池 2001：24］．実際，トップダウン的なアプローチで進めた英国やニュージーランドは，民営化やエ

ージェンシー化といった市場メカニズムを幅広く活用することで，自律的な組織体の構築を進める組織改革を先導していたのに対して，市場メカニズムを緩やかに適用することに留めたフランスやドイツ等の大陸系諸国では，行政の組織運営の現代化（modernization）を先行させていた[12]．

　このことは，NPM が理論として確立されていないことと大いに関係がある．NPM は，理論の厳密性にもとづいたものでなく，いわば実践から来た運動（movement）という方が適当と考えられている［稲継 2000a：259-260；君村 2003a：130］．それゆえ，NPM の示すものの曖昧さが指摘されており［西村 1997：113；久保木 2000：168］，理論を定義づけるには困難とされているのである．言い換えれば，NPM は，「小さな政府」を志向した新自由主義的な改革であるととらえるよりも，景気の変動やグローバリゼーションといった大きな社会変動に柔軟に対応しながら，福祉国家の膨大な公共サービス需要を満たしていくための，さまざまな改革であるととらえることが適当であろう［藪長 2007：238］．ただし，NPM はたとえ理論として整理されていないとしても，改革の時期に参照され，異なる政治文化の国に導入されていく傾向を有する．したがって，日本と英国の NPM はどのように異なるのかについて具体的に検証する必要がでてくる．ここで鍵となるのが，業績と成果による統制のあり方，すなわち統制側と被統制側との間の関係距離――「リレーショナル・ディスタンス（relational distance）」――およびアカウンタビリティのあり方である．次節では，エージェンシー化と統制の一般的な関係を明らかにするために，この論点を中心に議論を展開し，この章のまとめとする．

╈ 3．NPM と統制の視座

　NPM という改革のアイデアには，結果に応じてインセンティブやペナルティを付与する他律的な統制を構築し（make the managers manage），そのかわりにリーダーシップやアントレプレナーシップといった自律的な裁量を与える

(let the managers manage）という NPM の潮流がある［Pollitt and Bouckaert 2011：10］．あえて単純化するならば，前者は「させる」，後者は「任せる」という原理である［山本 2000：4-6］．「させる」と「任せる」というある意味，相反している要素は，NPM において次のような形で併存している［児山 2005b：93］．つまり，ある手段による統制を緩和する一方で，別の手段による統制を加えるということである[13].

　Pierre and Peters［2000：64-65］は，この統制の移行を次のように説明している．第1は，政府が組織に対する直接的なコントロールの一部を放棄し，その組織による裁量を前提としていることである．つまり，目標設定の役割は政府に任せるものの，外部化された組織による公共サービスの提供はできるだけ市場メカニズムに近い形でおこなわれるべきであると考えられている．そして，これによって一層の効率化を図ることが期待されているのである．第2は，政府による事前（*ex ante*）のコントロールを弱めるかわりに，事後（*ex post*）のアウトプットやアウトカムを重視していることである［cf: Lane 2009：邦訳 79］．つまり，外部化した組織が提供したサービスに対する結果やその成果が求められている．そして政府は，外部から観察可能なこの結果や成果による統制をおこなうようになる［山本 2013：75］．

　より一般化していえば，裁量の二大構成要素は「市場志向」と「管理の自由」といえる．「市場志向」については，市場メカニズムを利用し効率的なサービス供給をおこなう方策として，エージェンシー化により，この実践が形成されている．他方，もう1つの構成要素である「管理の自由」，すなわちエージェンシー化によって組織の分離化を進め執行機関の裁量を広げることについては，一様に確立しているとは限らない．既述のように，そもそも「管理の自由」は公的部門の質を向上させるための，エージェンシー化における重要な要素であったはずである．しかしながら，この「管理の自由」は制度設計の骨格となる統制のあり方，すなわちリレーショナル・ディスタンスやアカウンタビリティのあり方によって様々な制約を受けることになる．

（1）リレーショナル・ディスタンスと統制

Hood *et al.*［1999：60-65］は，前記のリレーショナル・ディスタンスという概念を用いて，統制者と被統制者間の社会的関係距離が統制のあり方に与える影響について一連の仮説を提起している[14]．もともと，リレーショナル・ディスタンスは，Black［1976：40-48］によって提唱されたものである．お互いの生活の関与は程度により様々であるという観察の結果，リレーショナル・ディスタンスが大きいほど，その社会的距離（social distance）が離れているというのである．

リレーショナル・ディスタンスが統制に与える影響については，次の四つの仮説を立てることができる．第1に，「経験（experience）」とは統制組織内に実務経験を有する職員の割合，第2に，「接点頻度（contact-frequency）」とは統制側（regulator）と被統制側（regulatee）との接触の頻度，第3に，「クライアントの同一性・異質性（client-homogeneity/dispersal）」とは，政策部門に属する統制者が同一の部門に属しているか，あるいは他部門に属しているのかという所属の同一性・異質性，そして第4に，「規模（size）」とは被統制側の人数である．すなわち，被統制者のいる組織で実務経験を有したことのある統制者が少ないとき，統制者と被統制者の接触頻度が少ないとき，単一の統制者が多数の政策分野や多くの被統制者を扱うとき，そして被統制者の人数が多いときには，それぞれリレーショナル・ディスタンスが大きく，公式化（formality）された制度的な統制手段を採用する傾向が強くなるということである．

これをエージェンシー化の状況に適用して考えてみよう．企画立案部門と執行部門との距離が離れている（リレーショナル・ディスタンスが大きい）ほど，執行部門の競争性（competition）が機能する．その一方で，企画立案部門の統制が働く傾向が出てくることになる．逆に，企画立案部門と執行部門との距離が接近している（リレーショナル・ディスタンスが小さい）と相互性（mutuality）が機能するため，企画立案部門と執行部門との間で協調が上手く進む傾向となる．

実際，次のような結果が事例研究から見出されている．エージェンシーで勤

務したことのある主務官庁の職員が少ないほど，エージェンシーと主務官庁との リレーショナル・ディスタンスが大きく，主務官庁は規定に従った公式な報告をエージェンシーに対して要求する．他方，エージェンシーで勤務したことのある主務官庁の職員が多ければ，両者間のリレーショナル・ディスタンスは小さい．そのため主務官庁は，エージェンシーからの非公式な相談を受け入れ，報告の厳密性が緩やかになるとは限らないものの，公式性は緩和される．

　この仮説を要約すると，リレーショナル・ディスタンスの大小によって統制の公式性は異なるといえる．リレーショナル・ディスタンスが大きいと執行機関は，主務官庁からの要求に応えるために様々な公式的統制を甘受することが求められる．逆に，リレーショナル・ディスタンスが小さい場合，主務官庁から執行機関に対する報告はもっぱら非公式の手段によるところとなり，公式的統制の要請は少なく，両者は共通の目的に向けて協調的な関係を築くものとなる．

　このリレーショナル・ディスタンスの指標は，エージェンシー化の制度設計を比較する際に有効である．なぜならばエージェンシー化は，執行機関の「管理の自由」を形成することを意図しているにもかかわらず，「管理の自由」と同時に主務官庁と執行機関との間のリレーショナル・ディスタンスを拡大させてしまうため，かえって「管理の自由」を阻害するというジレンマを生じさせるからである．ここで注意が必要なのは，「管理の自由」という概念である．そもそも「管理の自由」とは，事前の統制からの自由を意味しているにすぎず，全体的な統制からの自由を意味していない点に留意する必要がある．実際には，エージェンシー化によって多くの代替的な統制が執行機関に対して作用する．つまり，エージェンシー化にともなうリレーショナル・ディスタンスの拡大によって，事前の統制から事後の統制へのシフトが発生し，結果的に執行機関は様々な公式的統制を受けることになる [cf. Hood *et al.* 1999：79-80]．では，事後の統制とは何か．これについては次に論じる．

（2）アカウンタビリティと統制

西尾［2001：381-382］によると，行政活動に対する制度的統制は，国民を直接に代表する議会による統制，国民を直接または間接に代表する執政機関による統制，そして裁判所による統制を基本としており，行政機関は日常的には執政機関の指揮監督のもとにおかれている．行政機関は，執政機関の指揮監督が組織の末端まで確実に伝達されるように，指示・命令系統を一元化したヒエラルキー構造（hierarchy structure）で編成されており，この執行管理の体系を補完しているのもまた，制度的統制である[15]．

先に述べたとおり，エージェンシー化は執行機関に裁量を広く与えたものである．英語では"let the managers manage"といい，この"let"が自律的な裁量を意味している．しかし，NPMはもう1つの原理といえる"make the managers manage"としての"make"が他律的裁量をもっている．このように裁量には，自律的裁量と他律的裁量のふたつがあり，これらを責任領域として置き換えた場合，前者の自律的裁量に対する行政責任は，専門家としての行政官が担うべきとされるレスポンシビリティ（responsibility）であり，後者の他律的裁量に係る行政責任は，各種の統制制度により確保されるアカウンタビリティとなる［参照，毎熊 2002：103］[16]．アカウンタビリティは，積極的，自発的な裁量といった道義的・倫理的責任を意味するレスポンシビリティとは異なる．西尾［2001：401-402］によれば，アカウンタビリティは，伝統的な答責性をもっている制度的責任である．他方，レスポンシビリティは，非制度的責任の発生と拡大という事実に即した従来の答責性の概念に代わる応答性（responsiveness）から発展したものである．この意味において，アカウンタビリティとは，特定の活動を実施する権限を委譲された者が，委譲した側にその委譲された仕事を忠実に遂行したことを明示する「義務」を意味する概念であるとも解される［山谷 1989：164］．アカウンタビリティは一般に「説明責任」と訳されるが，それでは説明すれば責任が満たされるという狭義の意味となる．実際は，単なる説明をおこなうだけでは足りず，予算の作成，執行，決算，結果の評価につ

いても責任を負うものである［古川 2002：17］．そのかわり，違法あるいは不当な業務執行について，執行機関は必ずしも非難を受けることなく，しかるべき事後措置を講ずるという意味での責任である［長谷部 1998：101］．

制度的統制がアカウンタビリティの確保を目的とするものとすれば，リレーショナル・ディスタンスが拡大するほどアカウンタビリティは強化される．他面において，専門的統制がレスポンシビリティの属性をもつものと仮定するならば，リレーショナル・ディスタンスの縮小は，レスポンシビリティの統制を強くし，相対的にアカウンタビリティの度合いは低くなる．このように，リレーショナル・ディスタンスの大小によって執行機関の裁量は異なることになる．

もちろん，アカウンタビリティが直接，裁量を阻害するものではない．しかしエージェンシー化にともない，アカウンタビリティの確保の手段が制度化されることに留意する必要がある［南島 1999：81］．例えば，政府部内における監査（audit），評価（evaluation），監督（oversight），検査（inspection）の制度化や強化がみられる．また，技術的には単なる用語法の違いを越えて実質的な差異があるものの，執行機関における業績レビュー（performance review），業績指標（performance indicator），業績測定（performance measurement），監察（scrutiny），品質監査（quality audit），品質基準（quality standard）等の導入によって執行管理体制が強化される［参照，毎熊 2001：187：2002：106］[17]．しかも，それらは判断基準や手続きの客観性を図るため，公式化される傾向が強い．実際，英国では人事や財務に関する手続主義（proceduralism）的な規準の数が減少していたにもかかわらず，公的部門の質の向上を促進させるため，新たな手続主義的な規準が出現しているという矛盾が生じている［Hoggett 1996：22］．この意味において「干渉しない（hand-off）」統制は，「干渉する（hand-on）」規制や指導よりはるかに強力となる［ibid.：24］．それゆえ，エージェンシー化によって，一般的なルールや政策の助言から，より明示的で詳細なルール，より自立的な統制者，より包括的で公式的な統制への移行がみられる［岸井 2002：56］という指摘がなされるのである．

以上，本章では，NPMの特徴を概括し，NPMと統制の制度設計について分析した結果，次の2点が明らかになった．第1に，エージェンシー化は主務官庁と執行機関との間のリレーショナル・ディスタンスを拡大させ，結果として統制の多元化を惹起し，事後的な統制が構築される分だけ統制の強化につながることである．すなわち，執行機関は主務官庁からの要求に応えるために様々な公式的統制を甘受する傾向がある．第2は，エージェンシー化にともない，判断基準や手続きの客観性を図るため，従来制度化されていなかったアカウンタビリティの確保の手段が新たに構築されることである．つまり，一般的なルールや政策の助言から，より包括的で公式的な統制への移行がみられる．

　では，英国のエージェンシー制度と日本の独立行政法人制度における統制の設計はどうなっているか．これらについては第2章と第3章でそれぞれ論じる．

注
1 ）Pollitt and Bouckaert［2011］は，質の改善手法として，公的部門へのトータル・クオリティ・マネジメント（Total Quality Management: TQM）の活用を提唱している．
2 ）ここでの説明は，総務省行政管理局が設けた「新たな行政マネージメント研究会」の報告書『新たな行政マネージメントの実現に向けて』に従っている．詳しくは，総務省ホームページ（http://www.soumu.go.jp/main_sosiki/gyoukan/kanri/020524_2.html，2018年10月22日閲覧）を参照．
3 ）ロジャーノミクスの設計に際しては，米国で新制度派経済学を学んだ財務省や中央銀行のエコノミスト官僚等が提起したものであり，財務省のリーダーシップのもとに推進されていった［稲継 2003：49］．そのため，財務省を中心に進められたこの改革は，「財務省機軸の政策ネットワーク」あるいは「政策ハイジャック」とも揶揄され，公共選択学派の「実験場」ともいわれた［南島 2010：23］．
4 ）『行政改革』とOECDの報告書におけるNPMの構成要素については，児山［2005b］が詳しい．
5 ）このように明示的にNPMを初めて公式に用いたのはHoodであり，同氏が名付け親だという論者が多い［稲継 1999：487］．他方，Barzelay［2002：15-16］は，Hood and Jackson［1991］が行政学的な議論だけでなく，行政上の哲学とあわせて着想していることから，Hood［1991］と同様，あるいはそれ以上に重要な功績と評価している．

ただし，南島［2010：31］が指摘しているように，Hood 自身は決して NPM 論者では
ない．NPM の外側に身を置きながら，他在の立場から NPM を分析し，説明しようと
しているのである．

6 ）大住［2002：214］は，日本の政治風土における政治によるビジョンの策定がしばし
ば困難であり，これを代替するのは住民参画・協働を基本とするフレームワークとし
ている．戦略の策定とその展開における参画・協働の活用は，一見，回り道のようで
あるが，政治機能の補完として有効であると主張している．また，古川［2002：17-
21］は，政治システムの原理のもとに，経営原則に従い，行政改善の仕組みを組織に
定着させ，学習する組織に変えていくという，NPM とは考えが似ているものの同一で
はない「公共経営」という考えを述べている．

7 ）「3E」は，組織学習（organizational learning）の概念を用いて，組織が前の失敗を
学び，次なる改革を打ち出してきた規準であると説明できるかもしれない［稲継
2000a：297］．他方，サッチャー政権時の過度の「3E」重視への反省が，メージャー
政権による市民生活の質向上のためのシティズンズ・チャーター（Citizen's Charter）
等の諸改革へと連なっているともいえる．

8 ）大住［2002：51-52］では，インプット，アウトプットおよびアウトカムをそれぞれ
次のように整理している．

> インプット　：使用した経営資源をいい，活動に必要なすべての経営資源を費用
> として把握する
> アウトプット：国民に提供された財やサービスの量をいう．公共サービスの時間
> や回数，施設の整備状況等を数量で示す
> アウトカム　：施策を実施したことによる社会への影響度（国民の効用の増大や
> 満足度等）をいう．通常，政策目標はアウトカムを基準とされる
> ので，その目標の達成度が測定される

なお，Talbot［2004：16］は，これらにプロセス（process）を加えて，インプット→
プロセス→アウトプット→アウトカム，という一連の流れを示している．

9 ）秋月［2010：145-47］は，日本における NPM の普及が欧米より遅れた理由を利益
面と制度面からそれぞれ解説している．

10）エージェンシー・コスト理論とエージェンシー化に関する考え方については，大村
［1999］，山地［2002］をもとにしている．

11）原田［1999］によれば，このような否定的な考え方は，法学的行政研究者の主張と
されている．これに対して NPM に対して概ね肯定的な立場には，多くの政治学的行
政研究者や社会学的行政研究者が含まれるとしている．

12）Newman［2002］は，NPM と「現代化」を戦略的な意思決定，権力と統制，国民と

の関与の3つの視点から比較している.

13) 「させる」「任せる」の論点については, 児山 [2005a：221-222] においても, 性善説と性悪説 [山本 2003：18], 遠心性と求心性 [毎熊 2001：185-186] を用いて述べられている.

14) ここでのリレーショナル・ディスタンスの説明については, Hood *et al.* [1999] のほか, 筆者が, 2002年9月16日に英国のオックスフォード大学オール・ソウルズ・カレッジ (All Souls College) を訪問し, Christopher Hood 氏にインタビューをおこなった内容にもとづく.

15) 西尾 [2001：384] は, 議会, 執政機関および裁判所による統制を外在的統制として, また会計検査院・人事院その他の官房系統組織による管理統制, 各省大臣による執行管理, そして上司による職務命令を内在的統制として, それぞれ整理しているが, 本章ではこれらを特に区分けしていない.

16) アカウンタビリティの本質は, もともとは受託者 (臣下) が委託者 (君主) に対して適切な財産管理や行政をおこなう責務であったとされる [古川 2002：17].

17) 山谷 [2006：8] では, 評価 (evaluation) という言葉に, 分析 (analysis), 査定・値踏み (appraisal), 事前評価 (assessment), 監査 (audit), 鑑定・見積り (estimate), 監察 (inspection), 測定 (measurement), 概観・総覧 (review), 予告・下検分 (preview), 格付け・序列 (ranking), 等級付け・評定 (rating), 調査・情報収集 (research), 研究 (study), 価値付け (value) といった多様な意味でも使用することが多いため, 目的と方法との不適合や混乱が発生することを指摘している. また, 山谷 [2010b：1-2] でも, 詳しく解説されている.

| 第 2 章 | 英国のエージェンシー制度における統制の設計 |

　前章では，NPM と統制との関係について明らかにした．本章では，「エージェンシー化」のモデルケースといわれる英国のエージェンシー制度について考察をおこなう．英国のエージェンシーは，省庁の機能を企画立案部門と執行部門に分割し，執行部門の機能を効率的に管理するために設立された機関であり，執行部門における内部管理（人事・財務）の自律性を付与すべく，企画立案部門と執行部門との関係をフレームワーク・ドキュメントによって定めるという契約型システムが導入されているものである［竹下 1999：58-59］．エージェンシー制度は，次章で展望する日本の独立行政法人の制度設計において参考にしたといわれるものである．

　また，本章では，エージェンシー制度創設の起点となった『政府におけるマネジメントの改善：ネクスト・ステップス（*Improving Management in Government: The Next Steps*)』（以下，「イブス報告」という）と題する政府報告書の分析を中心に，エージェンシーに対してどのような統制システムが設計されているのかを考察する．

＋ 1．エージェンシー制度の創設

（1）サッチャー政権と行政改革

　1979年に誕生したサッチャー政権は，戦後の英国の福祉国家とそれを支えた行財政システムに対して根本的な改革を実施した．オックスフォード大学やケ

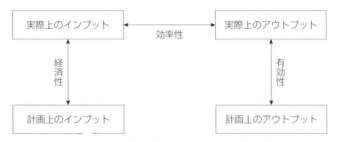

図2-1 経済性・効率性・有効性の相関関係
出典：山谷［1989：175］．ただし，筆者が一部加筆・修正．

ンブリッジ大学等の人文系卒業生が頂点を占めた巨大な官僚ヒエラルキーによって，規則偏重主義の下，効率性が顧みられなくなっていたからである［三本木 1997：1］．

サッチャー政権の行政改革には次の2つの側面があった［久保木 2007：30-31］．1つは，公務員の削減や国営企業の民営化等に代表される「小さな政府」の志向である．もう1つは，「ホワイトホール文化の改革」と称されるように，従来の行財政システムにマネジメントの視点を取り入れるものである．「小さな政府」を目指した政策と連動しながらおこなわれたこのマネジメント改革こそが，英国においてNPMへの転換をもたらしたものである．

具体的には，次の3点をあげることができる．まず，第1は，1979年にサッチャー首相の直属機関として設立された効率室（Efficiency Unit）の室長であったレイナー卿（Sir Derek Rayner）が実施した効率監察（Efficiency Scrutiny）である[1]．これは，各省庁の個別業務について集中的な監察をおこない，その結果判明した問題を踏まえて，NPMの業績と成果の構成要素である「3E」(経済性，効率性，有効性) の側面からの改善方法を提案した（図2-1）．効率監察で強調されたのが，バリュー・フォア・マネーという考え方であった．効率室は，当初6年で266件の効率監察をおこない，年間当たり6億ポンドの節約を達成した［岡村 1999：34］．バリュー・フォア・マネーという考え方は，これ以降のNPM型改革のスローガンとして広範に普及することとなった［久保木 2007：

31]．だが，一方では，主として経済性にもとづいた行政手続きの合理化によるコスト削減に集中していたため，効率性と有効性については後回しになったとの指摘がある［君村 1998：36］．[2]

第2は，効率監察の動きに影響を受けたヘーゼルタイン（Michael Heseltine）環境相が，1980年に自省に導入した「大臣のための管理情報システム」（Management Information System for Ministers）である．これは，民間企業の経営者なら当然把握しているはずの情報「誰が何を，何に対しておこない，どれほどの費用がかかるか」について大臣が把握できるようにし，効率性と有効性向上のために，その活動を見直すよう公務員に刺激を与えるためのシステムであった．

そして，第3は，「大臣のための管理情報システム」が全省庁に拡大した形態として1982年に導入された財務管理イニシアティブ（Financial Management Initiative）である．これは，管理者に財政上の一層の責任と権限を付与するものであった．財務管理イニシアティブの狙いは，次の2つがあげられる．1つは，分権化（decentralization）であり，上級ライン管理者の資源と仕事に関する管理者的役割を強めること，もう1つは，権限委譲（delegation）であり，管理者の責任と役割を管理のより低いレベルに設定することであった［君村 1998：41-42］．しかし，財務管理イニシアティブは，財務省（Her Majesty's〔HM〕Treasury）主導で導入されたため，文字どおり財務管理的な側面が過度であり，また管理者に裁量権が付与されていなかったことから，「大臣のための管理情報システム」とともに特定の省庁を除いて普及しなかったといわれている［宮川 1992：8］．それでも，分権化と権限委譲という2つの試みによって，執行部門と大臣との間に情報の経路を確保しつつ，並列ずる執行部門間で節約のための競争を促すようになったと評価されている［笠 2000：62］．このように，「大臣のための管理情報システム」や財務管理イニシアティブは，イブス報告へと発展していくものであったと考えられる．

また財務管理イニシアティブは，「財務的な責任を遂行する管理」（accountable management）というアイデアをもっていたことに着目する必要がある．君

村 [2001：157] によれば，この考えは，もともと民間企業から発しており，
1920年代の後半，ゼネラル・モーターズ社によって，できるかぎり下位に権限
を委譲するための概念として開発されたものである[3]．そのアイデア自体は，
1968年に発表されたフルトン委員会（Fulton Committee）の報告書における勧告
として，「財務的な責任を担う単位」（accountable unit）のアイデアが提案され
たことが最初である．省庁エージェンシーの外部移管（hiving-off departmental
agencies），すなわち企画立案部門（大臣支援機能）と権限委譲された執行部門（行
政サービス機能）の分離の考え方として取り上げられていたからである[4]．実際，
1970年代に防衛調達庁，雇用サービス庁，管財サービス庁という形で具現化し
た [君村 1998：25]．

　しかし，サッチャー政権時における財務的な責任管理の実現方法は，サッチ
ャー政権以前の改革と次の2つの面で大きな違いをもっていた．1つは，民営
化によって，この責任管理を目指したことである．もう1つは，民営化が不可
能なところでは，効率性や有効性を高めるための手段として，責任管理の基本
単位としてエージェンシーの設立を心がけようとしたことである [山谷 1989：
157]．

（2）イブス報告とエージェンシー制度の提案

　ここまで述べてきた行政改革を踏まえて，1986年11月，サッチャー首相は，
効率室長であったイブス卿（Sir Robin Ibbs）の要請を受けて，行政のさらなる
効率性と有効性の改善のために以下のような諮問をおこない，効率室に調査を
実施するよう要請した [君村 2001：157-158]．

- 1979年以来の中央省庁における管理改善の前進を評価すること
- 改革する際に成果を上げた方策を見出すこと
- 管理改善や効率化への障害を見出すこと
- 将来の改善方策について首相に答申すること

この諮問に応えるべく，効率室は行政機構に関する諸委員会の報告を検討し，1979年以降実施した効率監察では，「大臣のための管理情報システム」および財務管理イニシアティブについて調べるとともに，全国の公務員に対する聞き取り調査を実施している．その結果として，1987年5月，行政に効率性と有効性をもたらし，行政の質の充実に資するマネジメントの改善方策について提出されたものがイブス報告であった．しかしながら，イブス報告の公表は，1988年2月までサッチャー首相によって棚上げされることとなった．そこには，主に3点の理由が考えられる．第一には，サッチャー首相が1987年6月に総選挙を控えていたこと，第二には財務省が自らの予算を通じた各省庁に対する統制の弱体を懸念したこと，そして第三にはイブス報告の内容が革新的であり，大臣間の調整が必要であったことといわれている［君村 1998：46-49；宮川 1992：7］．

すでに述べたように，エージェンシーのアイデア自体は英国において必ずしも新しいものではなかった．しかし，イブス報告の狙いは，明確に区別される管理単位を発展させることによって，効率性を高めることだけではなく，政府の業務を実施する全く別個の方法——例えばエージェンシーと主務官庁との間でフレームワーク・ドキュメントを締結すること——を樹立することであった［君村 1998：51-52］．したがって，エージェンシー設立の直接のきっかけとなったのは，サッチャー政権時代の1988年2月に公表されたイブス報告であっといえるのである．[5]

イブス報告では，バリュー・フォア・マネーを追求する手段として，中央の省から分離された独立の組織であるエージェンシーの設立を提言している．事務・サービスの質的な向上と効率的な供給を目的としたこの執行機関は，報告書の題名にちなんでネクスト・ステップス・エージェンシー（Next Steps Agencies）とも呼ばれている［高橋 2000：3］．ここで，"next steps"という言葉が使われている理由は，サッチャーの行政機構改革の第一段階が公務員の削減であったのに対して，イブス報告でおこなおうとする改革は，その「次の段階」で

あるという意味を込めようとしたからである［梅川 1998：37-38］．また，
"steps"という言葉が使われたのは，エージェンシーが一斉に設立されていく
という意味ではなく，継続的に設立されていくという意味で使われたと解釈さ
れている［君村 1998：50；Hogwood 1993：207-209］．

　このように，イブス報告は，多くの論点を提供しているが，最も重要な点は，
報告自身のタイトルにも示すように，行政における管理様式の改革である［梅
川 1998：38］．サッチャー政権の誕生後，行政管理の面でいくつかの改善があ
ったことについて言及しているものの，バリュー・フォア・マネーの探求およ
び着実なサービス改善の追求に対して緊迫感が足りないと指摘しており，これ
を達成するために必要とされる行政組織およびその管理等に対する持続的改善
促進の開発方法について勧告をおこなっているからである．そのため，イブス
報告では，現状を以下のとおり分析している（para. 2-12）．

　　〈1〉約95%の公務員は，行政サービスの供給や執行業務を担うことが建
　　　　設的で有益と感じているにもかかわらず，その権限委譲が不十分で
　　　　あること
　　〈2〉上級公務員（Senior Civil Servant）は，政策には長けているが，サー
　　　　ビスの執行に関する知識や経験が乏しいこと
　　〈3〉上級公務員は，政治家または大臣から要請された短期的な政策を優
　　　　先し，長期的な計画は看過しがちなこと
　　〈4〉多様かつ複雑な省庁の業務に加えて，議会・メディア・国民の情報
　　　　要求が大臣の負担を過重させていること
　　〈5〉支出にのみ関心が集まり，その支出に見合った結果を生み出してい
　　　　るかどうかについては注目されていないこと
　　〈6〉業務改善の圧力が少なく，また，未だ政府の制度の一部として確立
　　　　されていないこと
　　〈7〉60万人の職員を有する公務員制度は単一の組織体として運営するに

はあまりにも大きく，かつ管理が多岐にわたること

　讃岐［1996：35］は，この調査結果から得た問題点を次の3点に集約している．第1に，組織のトップに立つ者（上級公務員）は，政策立案部門だけでなく，執行部門も政府の機能として重要であるという観念が希薄なことである．第2は，公務員全体を単一の組織体とみなしていることである．第3は，結果の向上を追求する手段が欠けていることである．特に，2点目の公務員全体を単一の組織体として管理することについては，あまりにも大きくかつ多岐にわたるものであり，そもそも既存の行政管理の仕組み自体が，行政サービスと効率性の向上を追求するためのシステムとはなっていないと述べている．そのため，以前の改革の試みからネクスト・ステップスを区別する基本的要素の1つは，エージェンシーによる行政組織の再構築（restructuring）という考え方である［君村 1998：45］．

　以下，イブス報告におけるエージェンシーに関する勧告を紹介する[6]．

　　我々は省庁の設定した政策と資源の枠組内で政府の執行的機能を遂行するために，エージェンシーを設置すべきことを勧告する．この種のエージェンシーは，政府および行政サービスの一部でもあり得るし，また，政府の外の方が効率的であるかもしれない．我々はエージェンシーという語を技術的な意味ではなく政府のためにサービスを供給するあらゆる執行単位を表現するために用いる．それぞれにふさわしいエージェンシーを選択し限定することは第一義的には各省庁の大臣と上級管理者が決定することである．ある場合には，事実上省庁全体を含む非常に大きな仕事のかたまりをエージェンシーで管理するのがふさわしいであろう．その他，完全に別個の組織とするのに活動規模が小さすぎるところでは，省庁内に1つ，あるいは複数の小さなエージェンシーを設ける方がよいかもしれない．

（para. 19）

ここでは，1つのまとまりをもった執行部門をエージェンシーという行政組織とし，政府内部あるいは政府外部で何らかのサービスを提供する組織として執行部門を幅広くとらえており，独立的な組織によって政策執行をおこなうことによって，効率性の向上が実現されることを目指すべきとしている．

　　こうした執行単位が作動するためには，大きなものであれ小さなものであれ，達成されるべき目標と成果を示す十分明確に規定された枠組みが与えられる必要がある．また，政治的に敏感な問題の処理の仕方や管理権限の委譲の程度が明確にされなければならない．エージェンシーの管理者は，達成する成果について，省庁に厳しく責任を問われるものでなければならない．(para. 20)

これは，前章で述べた "let the managers manage" と "make the managers manage" の考えと符合する記述である．つまり，エージェンシーは，「管理の自由」を受けるかわりに，「結果による管理」(managing for results) を厳しく求められているといえる．

イブス報告は，エージェンシーの設置をフォローすべく，以下の2点についても，勧告を述べている．

　　我々の第1の勧告，つまり政府のサービスのためのエージェンシーの設置については，各省庁の機能や組織と関わり，ある場合には，立法的枠組みを必要とするかもしれない．その成功は，省庁で働く人々と，その人々の職務遂行上の技術に決定的に依存する．我々は，省庁の職員が中央政府の内であれ外であれ，サービスの供給に際して，適正な訓練を受けて経験を積んでいる．したがって，職員が成果を最大化しうる方法で政府政策を開発・解釈し，エージェンシーを管理しうることを保証するように勧告する．(para. 34)

　　省庁の執行方法の変更に関する我々の勧告は，根本的かつ徹底的である．

第2章 英国のエージェンシー制度における統制の設計 *43*

それらは，この変更を達成するために断固たる責任をもった上級の職員がいて，初めて成功裡に導入されるであろう．大臣は，この変更に関与しなければならない．けれども，大臣には他の責務があるため，この任務の要求する変化を管理することにのみ時間とエネルギーをささぐことが期待できない．我々は，この変化を起こすことを保証するべく，1人の専任の事務次官を「プロジェクト・マネージャー」として，できるだけ早く任命すべきことを勧告する．プロジェクト・マネージャーは，活動を報告すべき首相と大臣の権威に守られ働くことが必要であろう．(para. 41)

　これら2つの勧告は，既存のシステムの大きな変化にもかかわらず，真の改善は結果に対する個々の責任管理によるものであり，個々の能力が業績向上の鍵となることを示唆している．また，その革新的提案は，政府の特定の政策やサービスのスポンサーである首相や大臣に奉仕し，特定のサービスの提供に専念するという発想であった［参照，君村 1998：50］．
　以上，イブス報告で提唱されたエージェンシーの概念は，表2‑1のように

表2‑1　イブス報告におけるエージェンシーの概念

項　　目	概　　　念
特　　徴	サービス重視 短期的に目にみえる成果 限定的
組織のあり方	分権化 権限委譲
志向性	管理志向 結果重視 事後評価志向
職務のあり方	プロジェクト・マネージャー
追求する価値	効率性 業績改善 説明責任

出典：山谷［1989：175］．ただし，筆者が一部加筆・修正．

整理できよう.

（3）イブス報告とアカウンタビリティ

一方で，エージェンシーの統制について論じるには責任の関係を整理する必要がある．後に述べるように，フレームワーク・ドキュメントの中身は省庁およびそのエージェンシーを中心としたアカウンタビリティを構成する要素に他ならないからである.

公務員は，大臣に対して責任を負うものの，事務次官が議会に対して会計責任者として直接責任を負う場合を除き，議会に対して責任を負わず，大臣が議会に対して，そして議会を通じて国民に責任を負うというのが英国における憲法の原則である［岡村 1999：36］．しかし，イブス報告においては，省庁の運営管理方法を根本的かつ徹底的に変えることが勧告されている．そこで，エージェンシーの活動について，大臣は議会に対してどのような責任を負うかということが問題となる．イブス報告においては，責任についてアカウンタビリティとレスポンシビリティを区別することによって，この問題を次のように整理している（図2‐2）.

大臣はエージェンシーの活動を議会に説明し，必要に応じて強制的措置をとるという意味でのアカウンタビリティを議会に対して負う．他方，それについて個人的非難を受け，場合によっては辞任するという意味でのレスポンシビリティをすべてのエージェンシーの活動に対して負うべきではないとしている［同：37］.[7)]

実際，フレームワーク・ドキュメントの枠内で最大の実現可能性が達成できるようなレスポンシビリティが，エージェンシーのチーフ・エグゼクティブに負わされている（para. 22）．他方，エージェンシーを成功させるためには，アカウンタビリティを拡充する必要があり，場合によっては立法化を検討すべきとしている（para. 23）．このように，アカウンタビリティの必要性は理解できるものの，その「責任」の意味が不明瞭であり，エージェンシーの中における

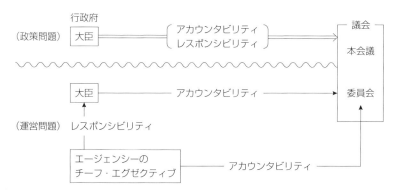

図2-2 アカウンタビリティとレスポンシビリティの概念
出典：讃岐［1996：40］．ただし，筆者が一部加筆・修正．

アカウンタビリティの概念が非常に混乱している．それでも，すでに述べた諸勧告は，業務実施の権限とレスポンシビリティが明確であり，大臣は誰に自らのアカウンタビリティを負うかを認識している (para. 49)．これは，中央政府の統制による責任によって悩まされることがないようにと考えられたものであるとされている［梅川 1998：43］．

（4）ヒギンズ報告と政府回答

イブス報告を受けて，1988年7月にヒギンズ（Terence Higgins）を委員長とする下院財政・公務員制度に関する委員会（Treasury and Civil Service Committee, The House of Commons）は，『公務員制マネジメント改革：ネクスト・ステップス（*Civil Service Management Reform: The Next Steps*）』（以下，「ヒギンズ報告」という）を発表した[8]．ヒギンズ報告は，行政組織内部におけるエージェンシーの設立や内部管理の自律性といったエージェンシーに関する基本的な考え方を再度検討し，23項目にわたる勧告を改めておこなったものである．これに対して同年11月に政府は，『公務員制マネジメント改革に対する政府回答：ネクスト・ステップス（*Civil Service Management Reform: The Next Steps, The Government Reply*）』（以下，「政府回答」という）を提示した[9]．政府回答は，当該勧告に対して

それぞれ政府の見解を述べたものである．

　これらの議論を概略的にいえば，ヒギンズ報告は，イブス報告の勧告に関して，議会からの統制を強めることで，より自由で安定したエージェンシーを確立する方向で勧告している．他方，政府回答は，大臣の権限をある程度残しつつ，エージェンシーを維持する方向で解釈しているため，イブス報告におけるいくつかのあいまいな点が見解の不一致という形で残っている．

　例えば，ヒギンズ報告では，統制とアカウンタビリティについて，議会に対するアカウンタビリティが効率的管理の利益と比較検討されるべきコストとは認めていない（para. 39）．また，議会の決算委員会（Public Accounts Committees）等からの圧力が効率性や有効性の改善を不正または不当に，あるいは政治的な論点として集中する傾向があることを否定している（para. 40）．これに対して政府回答では，大臣が引き続き政策問題と資源の配分に係る照会につき，直接処理するものとして明言を避けている．また，チーフ・エグゼクティブがフレームワーク・ドキュメントの枠内で資源の効率的かつ有効的活用のレスポンシビリティを与えられているならば，決算委員会に対するアカウンタビリティをもつべきであると，ヒギンズ報告と異なる見解を示している（pp. 9-10）．

　エージェンシーのあり方についても，イブス報告では政府内部または政府外部どちらでも可能としていたが，ヒギンズ報告では，組織的な論点ではなく，ロンドン一極集中を避けて地理的な分離を図るべく勧告している（para. 32）．一方，政府回答は，省庁内にエージェンシーを設立することによって，法改正が必要かどうかの議論をもたらすものとは考えていないとの見解を示している（p. 9）．

　もちろん，行政権限のエージェンシーへの委譲については，政府と委員会はその見解を同一にしている．ヒギンズ報告は，エージェンシーに対する中央政府からの統制が一切不要としている訳ではないが，省庁や財務省のモニタリングは，エージェンシーが多くのアウトプットを生んだり，コストを削減したりするためのものであるべきとしている．また，政府のみが支出計画やその優先

順位につき長期的な概観を成し得るとはいえ，政府はエージェンシーの管理者としての自由を認めることを表明すべきとしている（para. 36）．政府回答は，このような委員会の見解に対して共通の理解を示しており，権限の委譲は，フレームワーク・ドキュメントの範囲内で最大限におこなわれるべきであるとしている（p. 7）．

＋ 2．エージェンシー制度の枠組みと統制

（1）エージェンシー制度の特徴と展開

エージェンシーの候補となる機関は，まず，組織形態選択の検討がおこなわれる[10]．これは，① 該当する業務が引き続き国で遂行される必要があるかどうかを検討，② 業務継続は必要と決定された場合でも民営化または外部委託の可能性を検討，③ 民営化または外部委託ともに適切でないと判断される場合にのみ初めてエージェンシー化を検討，という一連の流れのことである．つまり，最終的にエージェンシーとして残る行政の執行部門は，以下のとおり，不確実性が比較的大きいサービス属性の領域が対象となる［大住 2002：158］．

〈1〉 業務の業績評価が相対的に難しい領域
〈2〉 公共性が極めて高い領域
〈3〉 プライバシーの保護等社会性が極めて重視される領域

エージェンシーの候補機関は，この流れに従って協議され，ある執行部門がエージェンシー化の候補になりえると考えられる場合，省庁およびそのエージェンシー候補機関は，エージェンシー設立の細目について，財務省あるいは必要に応じて内閣府と協議する．その結果，エージェンシーとして認められた機関は，主務大臣とエージェンシーのチーフ・エグゼクティブの間でフレームワーク・ドキュメントを作成することとなる．

エージェンシー制度の概要は表2-2のとおりであるが，その特色は，次の

表2-2 エージェンシー制度の概要

目　的	一定のまとまりのある自律的な運営が可能な組織について，効率性，行政の質の向上等を図る
対象業務	大量，定型，反復的執行業務とされるが，分離についての明確な共通基準はなく，個別の政治的判断によりエージェンシー化が実施されている
設置根拠	国家行政組織の一部
主務大臣の関与	
予　算	運営経費については，財務省により厳しく抑制されている（総額管理）
決　算	企業会計的な決算制度の導入
人　事	チーフ・エグゼクティブについては，原則，公募．主要スタッフについては，内部登用が大部分（財務責任者等については外部登用もあり）
目　標	フレームワーク・ドキュメントにおいて規定
評　価	年次報告書および定期的レビューにより，主務大臣が評価を実施
運営管理等	
職員任用	チーフ・エグゼクティブの裁量だが，主要スタッフについては，内部登用が大部分
身　分	国家公務員
労働三権	すべてあり（民間企業の労働者と同じ）
機構・定員管理	計画による（コスト抑制の観点から，実質的には厳しい定員状況）
給　与	一定レベル以下のものについては，チーフ・エグゼクティブの自由裁量
財源，補助等	国の財政支出がある場合，財務省の歳出管理に服する
会計制度	企業会計的な制度
見直し	事業継続の必要性，民営化の可否等について，定期的に見直す

出典：第15回行政改革会議資料より筆者作成.

2点に集約することができる［君村 2003a：143-144］．1つは，契約化である．エージェンシー制度においては，フレームワーク・ドキュメントが締結されたうえで，エージェンシーの業務およびその責任ならびに業績指標等が規定される．もう1つは，企業化（corporatization）である．エージェンシーは，企業経営になぞらえて運営管理をおこない，業務計画（corporate plan），事業計画（business plan）および年次報告書（annual report）等の作成が求められる．

　イブス報告の公表後に発表されたエージェンシーの対象機関は，表2-3で

表2-3　制度発足当初のエージェンシー対象一覧

名称（日本語，英語）	
会社登記庁	Companies Registration Office
非核防衛研究所	Defense Non-nuclear Research Establishments
自動車運転免許庁	Driver and Vehicle Licensing Directorate
雇用業務庁	Employment Service
歴史的王宮庁	Historic Royal Palaces
政府刊行物庁	Her Majesty's Stationery Office（HMSO）
気象局	Meteorological Office
旅券庁	Passport Department
エリザベス2世会議センター	Queen Elizabeth II Conference Centre
再定住事務局	Resettlement Units
王室庭園庁	Royal Parks Agency
車両検査庁	Vehicle Inspectorate

注：英国の行政組織には，日本のように庁・局等の明確な区分がないため，これら組織名は定訳でな
　　いことに留意．
出典：宮川［1992：9］をもとに筆者作成．

示した12機関であり，1988年8月に車両検査庁（Vehicle Inspectorate）が最初の
エージェンシーとして発足した．

　その後の推移を概観してみると，1996年10月には127機関がエージェンシー
化され，さらに37機関が候補にあがっていた［行政改革会議事務局編 1997：130］．
その後，2001年10月におけるエージェンシー数は105機関に減少したものの，
2002年3月では表2-4のとおり，127機関に再び増加している［岡本・高崎
2002：181：Agency Service Delivery Team 2002：50-55］.[11]

　すでに述べたとおり，エージェンシーは組織上，政府内部に属しており，組
織の制度的根拠は専らフレームワーク・ドキュメントにおいて定められている．
したがって，エージェンシーの設立や改廃は，基本的に主務大臣や主務官庁の
判断に委ねられており，エージェンシーへの移管は，比較的容易におこなわれ
得るものと推察される．その結果，累計ベースで2006年3月末までに199のエ
ージェンシーが設けられている［三菱UFJリサーチ＆コンサルティング 2007a：10］.

表2-4 エージェンシー一覧

（2002年3月末現在）

所管省庁		名称（日本語，英語）
法務省	1 財務法務庁	Treasury Solicitor's Department
内閣府	2 中央広報庁	Central Office of Information
	3 政府車両公文書庁	Government Car and Dispatch Agency
文化メディアスポーツ省	4 王室庭園庁	Royal Parks Agency
	5 中央科学研究所	Central Science Laboratory
	6 環境水産海洋科学センター	Centre for Environment, Fisheries and Aquaculture Science
環境食糧農村地域省	7 農薬安全庁	Pesticides Safety Directorate
	8 地方開発支出庁	Rural Payments Agency
	9 獣医学試験庁	Veterinary Laboratories Agency
	10 獣医学薬品庁	Veterinary Medicines Directorate
	11 医療機器庁	Medical Devices Agency
	12 医薬品規制庁	Medicines Control Agency
保健省	13 国立衛生局不動産局	NHS Estates
	14 国立衛生局年金庁	NHS Pensions Agency
	15 国立衛生局調達支給庁	NHS Purchasing and Supply Agency
	16 会社登録庁	Companies House
	17 雇用法廷庁	Employment Tribunals Service
	18 破産業務庁	Insolvency Service
貿易産業省	19 国立度量衡研究所	National Weights and Measures Laboratory
	20 特許庁	Patent Office
	21 無線通信庁	Radiocommunications Agency
	22 零細企業業務庁	Small Business Service
	23 自動車運転免許庁	Driver and Vehicle Licensing Agency
	24 車両基準庁	Driving Standards Agency
	25 消防大学校	Fire Service College
	26 道路庁	Highways Agency
	27 沿岸警備庁	Maritime and Coastguard Agency
運輸地方自治地域省	28 軍測量庁	Ordnance Survey
	29 計画検査庁	Planning Inspectorate
	30 エリザベス2世会議センター	Queen Elizabeth II Conference Centre
	31 賃貸業務庁	The Rent Service
	32 車両認証庁	Vehicle Certification Agency
	33 車両検査庁	Vehicle Inspectorate
	34 上訴業務庁	Appeals Service Agency
労働厚生省	35 社会保障給付庁	Benefits Agency
	36 社会保障児童支援庁	Child Support Agency
	37 雇用業務庁(2002年3月末にて閉鎖)	Employment Service (closed March 2002)
食品基準庁	38 食肉衛生業務庁	Meat Hygiene Service
外務連邦省	39 ウィルトン公園庁	Wilton Park
林野庁	40 森林企業庁	Forest Enterprise
	41 森林調査庁	Forest Research
	42 支払総局	Debt Management Office
財務省	43 国家歳入庁	National Savings
	44 国家統計庁	Office for National Statistics
	45 造幣庁	Royal Mint
	46 法医学業務庁	Forensic Science Service
内務省	47 刑務所業務庁	HM Prison Service
	48 連合王国旅券庁	United Kingdom Passport Agency
内国歳入庁	49 評価局(各省保有不動産の評価)	Valuation Office
	50 裁判所業務局	Court Service
大法官府	51 土地登記局	HM Land Registry
	52 公共保護庁	Public Guardianship Office
	53 公共記録庁	Public Record Office
	54 国防人事庁	Armed Forces Personnel Administration
	55 陸軍基地補修機構	Army Base Repair Organisation
	56 陸軍人事センター	Army Personnel Centre
	57 陸軍訓練採用庁	Army Training and Recruiting Agency
	58 国防郵便配達庁	British Forces Post Service
国防省	59 国防分析業務庁	Defence Analytical Services Agency
	60 国防航空修理庁	Defence Aviation Repair Agency
	61 国防法案庁	Defence Bills Agency
	62 国防通信業務庁	Defence Communication Services Agency
	63 国防歯科医療庁	Defence Dental Agency
	64 国防不動産庁	Defence Estates Agency

所管省庁		名称（日本語，英語）
国防省	65	国防地理彫像情報庁 Defence Geographic & Imagery Intelligence Agency
	66	国防住宅庁 Defence Housing Executive
	67	国防情報安全センター Defence Intelligence and Security Centre
	68	国防医療訓練機構 Defence Medical Training Organisation
	69	国防調達庁 Defence Procurement Agency
	70	国防科学技術研究所 Defence Science and Technology Laboratory
	71	国防療養庁 Defence Secondary Care Agency
	72	国防貯蔵配給庁 Defence Storage and Distribution Agency
	73	国防運搬機動庁 Defence Transport and Movements
	74	国防獣医庁 Defence Vetting Agency
	75	廃品販売庁 Disposal Sales Agency
	76	ヨーク公王立軍人学校 Duke of York's Royal Military School
	77	医療品補給庁 Medical Supplies Agency
	78	気象局 Meteorological Office
	79	憲兵庁 Ministry of Defence Police
	80	海軍配置庁 Naval Manning Agency
	81	海軍採用訓練庁 Naval Recruiting and Training Agency
	82	給与人事庁 Pay and Personnel Agency
	83	ヴィクトリア女王学校 Queen Victoria School
	84	空軍人事管理庁 RAF Personnel Management Agency
	85	空軍訓練グループ国防庁 RAF Training Group Defence Agency
	86	児童教育局（軍要員の子女教育） Service Children's Education
	87	英国海図局 UK Hydrographic Office
	88	軍人年金庁 War Pensions Agency
	89	軍艦支援庁 Warship Support Agency
北アイルランド省	90	商業振興業務庁 Business Development Service
	91	建築業務庁（官公庁建築設計・維持・助言） Construction Service
	92	運転者車両免許庁 Driver and Vehicle Licensing (Northern Ireland)
	93	運転者車両試験庁 Driver and Vehicle Testing Agency
	94	環境遺跡業務庁 Environment and Heritage Service
	95	森林業務庁 Forest Service
	96	政府調達庁 Government Purchasing Agency
	97	保養地庁 Health Estates
	98	産業調査技術庁 Industrial Research and Technology Unit
	99	北アイルランド土地登記庁 Land Registers of Northern Ireland
	100	北アイルランド児童支援庁 Northern Ireland Child Support Agency
	101	北アイルランド統計調査庁 Northern Ireland Statistics and Research
	102	北アイルランド陸地測量庁 Ordnance Survey of Northern Ireland
	103	計画業務庁（都市・地方計画） Planning Service
	104	北アイルランド公共記録庁 Public Record Office of Northern Ireland
	105	徴税庁 Rate Collection Agency
	106	河川庁 Rivers Agency
	107	道路業務庁 Roads Service
	108	北アイルランド社会保障庁 Social Security (Northern Ireland)
	109	評価土地庁 Valuation and Lands Agency
	110	水道業務庁（上下水道） Water Service
	111	補償庁（犯罪被害） Compensation Agency
	112	北アイルランド法医学庁 Forensic Science Service of Northern Ireland
	113	北アイルランド刑務所業務庁 Northern Ireland Prison Service
	114	スコットランド地域庁 Communities Scotland
	115	漁業調査業務庁 Fisheries Research Services
	116	スコットランド歴史遺産庁 Historic Scotland
	117	教育調査庁 HM Inspectorate of Education
	118	スコットランド国営記録庁 National Archives of Scotland
	119	スコットランド登記庁 Registers of Scotland
	120	スコットランド農業科学庁 Scottish Agricultural Science Agency
	121	スコットランド裁判所業務庁 Scottish Court Service
	122	スコットランド漁業保護庁 Scottish Fisheries Protection Agency
	123	スコットランド刑務所業務庁 Scottish Prison Service
	124	スコットランド公務年金庁 Scottish Public Pensions Agency
	125	スコットランド奨学金庁 Student Awards Agency for Scotland
ウェールズ省	126	ウェールズ歴史的記念物庁 Cadw: Welsh Historic Monuments
	127	ウェールズ欧州基金庁 Welsh European Funding Office

注：英国の行政組織には，日本のように庁・局等の明確な区分がないため，これら組織名は定訳でないことに留意.
出典：Agency Service Delivery Team [2002：50-55]，行政改革会議事務局編 [1997：131]，三本木
[1997：16-21] をもとに筆者作成.

このように，エージェンシー化によって，これまで単一の政府が網羅的に実施していた執行業務の多くをエージェンシーが担い，国民に提供する行政サービスの効率化を図ることが制度的に確立されたのである．

その一方で，ブレア政権のもとで唱えられた政府の現代化（Modernizing Government）と「公務員制度改革プログラム」の文脈のなかで，エージェンシー制度が機能的に働いているかどうかの評価がおこなわれた［君村 2003b：63］．その結果，行政サービスの契約化により，主務官庁が定めた企画立案とエージェンシーが担う執行との相違が散見されるようになった［Agency Service Delivery Team 2002：3］．そこで英国政府は，主務官庁とエージェンシーとの統一的な関係構築を図るためのガイドラインを示した．[12] このガイドラインは，省庁改革プログラム（Departmental Change Programme）の一環としてエージェンシーの評価をおこなうことを要請している．具体的には，財務省の包括的歳出レビュー（Comprehensive Spending Review）を踏まえた公共サービス協定（Public Service Agreement）との明確な連携を求めており，公共サービス協定のデリバリー・プラン（Delivery Plans）を経て，フレームワーク・ドキュメントの定期的な見直しの機会を設けている［HM Treasury 2003：19］．また，多くのエージェンシーのフレームワーク・ドキュメントが，あまり改定されていない状況を受けて，主務大臣の方針や行政サービスを受ける国民のニーズの変化に対応するために，3年に1回程度はフレームワーク・ドキュメントを見直すべきという指摘がある［三菱 UFJ リサーチ＆コンサルティング 2007a：13］．

内閣府は，フレームワーク・ドキュメントの改善を図るため，その構成についても，以下の概要のとおり示している［Agencies and Public Bodies Team 2006：11-12］．

　① 主務大臣による序文
　② エージェンシーの規模，所在地，業務の詳細
　③ エージェンシーの目的と目標

④ 業績指標の範囲

⑤ 主務大臣，チーフ・エグゼクティブ，主務官庁の幹部職員との関係

⑥ 主務官庁の会計責任者との関係

⑦ 他の機関との関係

⑧ 議会からの質問および議員からの質問主意書の処理方針

⑨ 国民からの苦情処理手続きおよび議会オンブズマン（Parliamentary Commissioner for Administration）への対応方針

⑩ エージェンシーの会計制度

⑪ 政府内外の会計，監査，モニタリングおよびその報道のための組織

⑫ 会計処理方針

⑬ 業務計画と事業計画の枠組

⑭ 採用，賃金および他の人事管理責任に関する方針

⑮ チーフ・エグゼクティブの任用方法および報酬基準

⑯ 決算委員会または特別委員会（Select Committees）審議前の説明

⑰ リスク管理方針

⑱ フレームワーク・ドキュメントの改定方針

　このように，エージェンシー制度は，政府との一体化や運用の統一化が展開されていることがわかる．

（2）エージェンシーに対する統制

　本章の最後に，エージェンシーに対する統制を整理する．既述のとおり，エージェンシーは，執行機関を行政組織の内部に維持したまま運営することにより，最も実践的かつ現実に即した管理手法を担う組織として，イブス報告で提案されている．また，エージェンシーは，組織の多様性に見合った柔軟な管理方法を追及している．そのため，分離した業務につき指名を受けたチーフ・エグゼクティブが主務大臣に代わって日々の運営管理を実施する．主務大臣は適

切な資源配分をおこない，達成すべき業績に対して目標を設定する．そのかわり，主務大臣は，最も効率的な組織を運営させる権限や限られた資源内で業務を執行させる権限をチーフ・エグゼクティブに与える．

　エージェンシーは，主務大臣や議会に対して業務の執行結果や業績の全体像，将来の見通し等を含めた年次報告をおこない，目標の達成状況等を公表する[13]．より重要な側面として，エージェンシーは，業績の評価等に重点を置いた5年毎のレビュー（Quinquennial Review）を受ける[14]．これは，5年間の業務内容として評価され，このままエージェンシーとして存続することの妥当性につき判断されるものである．存続が妥当と判断された場合でも，フレームワーク・ドキュメントの修正の有無を検討する，レビュー報告書（Report of the Review）による見直しが実施される．このレビューについては，政策と行政サービスとの一体化を図るため，組織全体を包括的に評価するのではなく，特定の成果を達成するために必要な評価に変えるべきであると指摘されている［Agency Service Delivery Team 2002：11］．

　このように，エージェンシーは，従来の行政組織からの独立性を制度として取り入れている一方で，引き続き行政組織の内部に属しており，制度的に独立性を確保しているとはいい切れない．事実，業績給や採用についてはエージェンシー側の裁量に任されているものの，エージェンシー化という制度そのものが，統制の枠組みとなっているのである［James 2001：235］．つまり，中途半端な独立性が政府によるこれまでの統制を実質的に強化しているといえる．特に，包括的歳出レビューに起因する公共サービス協定を，エージェンシーのフレームワーク・ドキュメントや業務計画・事業計画に反映させるという行為自体が，他の省庁からの統制を惹起している［cf. James 2004：88］．

　また，エージェンシーのチーフ・エグゼクティブは，「管理の自由」を与えられたにもかかわらず，エージェンシーの設立以前と同様，主務大臣に対するアカウンタビリティが求められている［James 2001：238］．これに加えて，すでに述べたとおり，ヒギンズ報告では，議会の関与をなるべく取り入れようとし

ていた．結果としてエージェンシーは，フレームワーク・ドキュメントにより議会に対するアカウンタビリティも求められることとなった．英国では，責任をアカウンタビリティとレスポンシビリティの2つに分け，議会に対する大臣の責任は，政策立案・監視についてアカウンタビリティとレスポンシビリティの両者を負うものの，エージェンシーの業務執行についてはアカウンタビリティのみを負うことにしている．しかし，エージェンシーのチーフ・エグゼクティブは，主務大臣に対してレスポンシビリティを負い，議会に対しては委員会に証人として出席することでアカウンタビリティも負う [宮脇 1998：99-100]．[15) そのため，個別の業務については，エージェンシーが独立して実施することとなるものの，設定された目標の達成度等については主務官庁が監視することに変わりはない．むしろ，議会に対してアカウンタビリティがある以上，それは強化されるものと想定される．

　前章で述べたように，NPM は判断基準や手続きの客観性を確保するため，制度化する傾向が強いことから，エージェンシーについても制度が統制を生む傾向にあると考えられる．より前章に沿っていえば，エージェンシー化にともなうリレーショナル・ディスタンスは拡大するものの，エージェンシーはフレームワーク・ドキュメント等を通じた公式的統制が維持され，目標設定の詳細化，目標達成のためのインセンティブやサンクションの提供等，日常的な監督・関与が強化されている [Rhodes 1997：96；榊原 2001：23]．実際，官僚機構が縮小されている中，統制を実施する行政機関や職員の数は増加し，予算規模も拡大しているという調査結果が示されているのである [Hood *et al.* 1999：18]．

　以上，本章では，エージェンシー制度の設計過程を政府報告書から分析した結果，エージェンシー化により，政府からのフレームワーク・ドキュメントを通じた統制が引き起こされており，「管理の自由」を受ける以上に，「結果による管理」が厳しく求められていること，また判断基準や手続きの客観性を確保するため，エージェンシーに対して，より強いアカウンタビリティを求める傾向があることを確認した．

注

1) レイナー卿はイブス卿の前任であり，スーパーマーケット（マークス・アンド・スペンサー）の共同業務執行取締役の出身である［岡村 1999：34］．

2) イブス報告では，1979年以降の効率監察の経費が 5 万ポンドと説明されている．

3) ゼネラル・モーターズがこのような責任管理の方式をとったのは，当初，複数の企業合併によって，一連の連合体として発足したためである［山谷 1989：176］．この考えは，会社統合・分割等の企業再編の流れにおいても示唆に富む内容である．

4) フルトン報告では，あたかもミツバチの巣のように「分封された（be hived off）」行政機構を作るべきであるという表現を用いている．換言すれば，第 1 は，将来の計画に責任をもつ政策的部局と，現在の政策の実行に責任をもつ執行的部局を明確に区別する必要があると述べている．第 2 には，客観的に測定しうる実績への責任をとるという「責任単位」による管理の確立を提案している［梅川 1998：32-33］．

5) エージェンシー設立の中心人物であるイブス卿は，1952年に化学会社（インペリアル・ケミカル・インダストリー）に入社し，1976年に常務取締役となった．その後，同社と兼務しつつ，効率室等の政府の要職を担い，1988年に同社を退職している．

6) ここでの邦訳は，Efficiency Unit［1988］に依拠している．

7) エージェンシーの責任管理が明らかになったものとして最も知られている事件は，1995年の内務省の刑務所業務庁（HM Prison Service）であろう．これは，内務大臣が刑務所業務庁のチーフ・エグゼクティブに対して，脱獄事件にみられる管理の失敗を理由に辞任を求めたものの，チーフ・エグゼクティブがこれを拒否したため，内務大臣によって解任されたものである．

8) ヒギンズ報告は，Vol.1 と Vol.2 から構成されており，本章では Vol.1 のみ使用している．Vol.2 は，最初に設立された12のエージェンシー等の付属文書，ヒギンズ他の委員や会計検査院（National Audit Office）といった組織からの証言に係る議事録および付録で構成されている．

9) 政府回答は，イブス報告やヒギンズ報告と異なり，項毎に番号付けされておらず，本章ではページ番号のみ記している．

10) ここでの説明は，君村［2003a］に依っている．なお，組織形態選択の検討は，従来，事前選択肢の検討（Prior Option Test）と呼ばれていた．

11) 職員数については，1990年前半には多くの省庁業務がエージェンシーとなり，一時は英国における全公務員数の75％をエージェンシー職員が占めるまでに至った［岡本・高崎 2002：181］．しかし，その割合は減少しており，2003年現在では53％となっている［三菱 UFJ リサーチ＆コンサルティング 2007b：5］．

12) このガイドラインは，調査委員長の名をとって「アレクサンダー報告」とも呼ばれている［君村 2003b：63］．

13) 岡本［2001：79］によれば，全ての目標は，特定（specific），測定可能（measurable），達成可能（achievable），関連のある（relevant），時限を定めた（timed）ものでなければならず，その設定は，現実的（realistic），最大限の能力で（stretching），供給可能な（deliverable）ものでなければならない，とされている．

14) レビューが5年毎に実施されない例外的なケースとしては，① 主務官庁の新たな優先事項が出てくる等により状況が変化し，また政府の歳出決定の予定に間に合わせる必要がある等により前倒しされる場合，② やむを得ない理由により内閣府および財務省の許可を得て延期される場合がある［岡本 2001：140］．

15) 宮脇［1998：100］では，日本の独立行政法人制度の検討においては，国会のレスポンシビリティとアカウンタビリティの関係等の枠組みを明確にすべきであると述べている．

第3章　独立行政法人制度における統制の設計

　前章では，英国のエージェンシー制度における統制の設計について明らかにした．本章では，独立行政法人に対する統制の制度設計に関する分析をおこなう．独立行政法人制度は，橋本政権時の行政改革会議で取りまとめられた『最終報告』において提言されたものである[1]．『最終報告』では，公共的な事務・事業につき，弾力的かつ効果的な組織・業務運営によって，効率性の向上を図るべく，政策の企画立案部門と執行部門を分離し，執行部門のうち一定の執行事務をおこなわせるため，独立の法人格を有する独立行政法人を設立することが述べられている．当時，行政改革会議の委員の一人であった武藤嘉文氏は，自ら英国に赴き，かの地で展開されるエージェンシーを目の当たりにしてきた結果，独立行政法人制度による「エージェンシー化」の方針を固めたとされている．

　そこで，本章では行政改革会議における独立行政法人の制度設計過程から，独立行政法人に対してどのような統制システムが形成されているのかを分析する．加えて，『最終報告』で議論された特殊法人の独立行政法人化について，独立行政法人と特殊法人との相違を整理したうえで，独立行政法人制度と特殊法人が抱える問題との対応において派生する課題を提起する．

十 1．行政改革会議と独立行政法人制度の創設

（1）「中間報告」までの審議過程

　行政改革会議は，これまでの第三者機関による臨時行政調査会方式ではなく，橋本首相直属の立案機関を設置し，首相自らが長となったものである．行政改革会議は，1996年11月28日に第1回会議を開催し，1997年12月3日の『最終報告』の取りまとめを経て，1998年6月23日の最終会議に至るまでの間，全体会議を45回（2度の集中審議含む），企画・制度問題小委員会および構造問題小委員会を10回，意見を聞くための1日行政改革会議を5回，計60回にわたる会合を開催した．このうち，「中間報告」までの独立行政法人の制度設計については，全体会議と構造問題小委員会にて議論された．²⁾

　独立行政法人制度によるエージェンシー化に関する審議が出始めたのは，1997年2月5日の第5回会議および1997年2月19日の第6回会議からである．ここでは，行政改革会議事務局よりエージェンシー化を導入している諸外国を中心に行政改革の動向について説明があり，簡単な質疑応答がおこなわれている．また，1997年3月5日の第7回会議では，事務局より「主要論点項目（案）」が提示された．ここでは，企画立案部門と執行部門を分離し，中央省庁は本来，企画立案部門に重点を置くべきだという意見についてどう考えるべきか，としてエージェンシー化が提起されている．

　その後の数回にわたる全体会議は，エージェンシー化に関する議論を中心に展開されている．1997年4月2日の第9回会議では，エージェンシー化について，企画立案部門のうち何を中央省庁に残し，何を外部に出しても差し支えないものかという視点から，よりきめ細かく分析する必要があるとの意見が示された．また，1997年4月16日の第10回会議では，エージェンシー化の検討対象となる具体的業務が初めて例示される一方で，エージェンシー化については未だ概念が整理されておらず，委員の間でコンセンサスが必要であるとの意見が

出された．そのため，1997年5月1日の第11回会議では，エージェンシー化の導入およびその問題点，特に英国のエージェンシー制度の直輸入には慎重な検討が必要であると指摘された．また，環境庁や科学技術庁等の英訳が"Agency"となっている組織があり，これとの違いを明確にする名称を考える必要があり，今後審議すべき課題は多いとの意見があった．

そもそも，英国のエージェンシーは，行政の組織内部に権限行使の自由を与え，業務の効率化を図るところにその主目的があり，独立の法人格を有するものでない［藤田 1999b：112］．換言すれば，エージェンシーは，効率化という目的を達成するための手段あるいは媒体にすぎず，組織形態の変更そのものを目的としていない［笠 2000：65］．このことから，エージェンシーは，管理に関わる変革であることに注意を払う必要がある［田中 1999：43］．その背景には，慣習法の英国であるゆえ，国家公務員の身分を維持すべき法律上の問題がなかったのではないかとされている［行政改革事務局OB会編 1998：594］．

他方，独立行政法人は行政主体としての性格をもち，広い意味で国の行政を担うものであるが，国からは独立した法人格が与えられている．その理由は，独立行政法人の制度設計において，人員削減を公約した国家公務員の受け皿として法人格を与えることを意図したものだからである．

行政改革会議の委員の一人であった藤田［1999a］は，独立行政法人とエージェンシーとの関係について次のように述べている．

　　ところで，「両機能の分離」ということ自体は，もともと，分離を通じて，それぞれの機能を適正かつ効率的に行い得る条件を整える，ということを目的とするものであって，例えば，イギリスの「エージェンシー」の発想は，まさにこのようなものであるが，我が国の今回の行政改革の場合，この意味での両機能の効率化ということは，もちろん当然に視野に入ってはいるものの，「減量」という主目的のための副次的な位置付けを与えられているに過ぎないことを理解して頂きたい．この意味において，例えば

「独立行政法人」の制度は，（しばしば混同されるが）イギリスの「エージェンシー」とは，その趣旨において全く異なる制度なのである（「エージェンシー」の発想に比較的近いのは，むしろ「実施庁」の方である）．今日浮上してきている国立大学の独立行政法人化の是非，といった問題を考えるに当たっても，この視点を抑えておくことが，重要であると考える．

　独立行政法人の制度設計においては，企画立案部門と執行部門の分離より，むしろ行政機能の「減量」（アウトソーシング）にもとづく組織上の分離に主眼が置かれていたからである［原田 2003：60-61］．日本の行政組織法上の意味において，エージェンシーに対応するものを見出すとすれば，内閣府設置法（1999年法律第89号）第53条と別表第１，国家行政組織法（1948年法律第120号）第７条と別表第２に定められている「実施庁」の方がこれに近い［磯部他 1999：30］.[3]実際，『最終報告』においては，外局のうち，府・省の傘下に置かれ，政策の企画立案部門と執行部門の分離の観点から，執行事務を主として扱う実施庁の概念が取り入れられている．ここでは，実施庁を含めた外局は国家行政組織の一部を成すものであり，独立行政法人とは明確に区別されるものであると述べられている．この意味において，独立行政法人は，国の行政組織自体の一部を成すエージェンシーとは性格が異なるのであって，俗に「独立行政法人はエージェンシーの日本版」というのはミスリーディングである［藤田 2001：172］という指摘は妥当と思われる.[4]

　その後の数回の会議は，各省庁からのヒアリングがおこなわれた．エージェンシー化の導入については，ほとんどの省庁は消極的な姿勢をとるか，概念や制度設計が明らかでないため，エージェンシー化の可能性については言及できないとの姿勢に終始した．こうした経緯から，1997年５月21日の第14回会議における武藤嘉文氏からの英国行政改革実施調査結果報告を踏まえて，自由討議が予定されていた1997年５月28日の第15回会議では，エージェンシー化について集中的に審議された．この審議によって，国がおこなっている業務を企画立

案部門と執行部門に分離し、民間に委ねることはできないが、公共上の要請から必要とされる業務については、効率的・効果的な実施のため、法人格を付与しておこなわせる、独立行政法人制度の基本的方針が固められた。ただし、このように事務局から提示された独立行政法人の「イメージ試案」は未だ抽象的であったため、その枠組みについては合意するには至らなかった。

その後、再度、各省庁からのヒアリングを経て、1997年7月9日の第21回会議では、藤田宙靖氏の「独立行政法人の職員身分は何か（公務員か、準公務員か、非公務員か）等の覚え書き」をもとに審議が進められた。ここでは、独立行政法人の具体的なあり方をさらに詰める必要があるとの意見があった。そのため、1997年7月16日の第1回構造問題小委員会および第22回会議においては、独立行政法人への振り分け基準、独立行政法人と本省との人事交流、財政的コントロールのあり方等につき審議された。1997年7月23日の第2回構造問題小委員会では、外局との関係を中心に審議がおこなわれている。ここで、外局は国の機関となっているが、独立行政法人は独自の法人格を有するものと、同氏は発言している。こうした審議を得て、「中間報告」をまとめるべく、1997年8月18日から21日にかけて、計24時間以上におよぶ集中審議がおこなわれた（第24回から第27回会議）。独立行政法人については、集中審議最終日（第27回会議）に事務局が作成した制度設計「独立行政法人（仮称）制度構想（試案）」をもとに進められ、その結果、職員の身分をどのようにすべきかといった問題点は残しつつも、独立行政法人制度の導入については概ね合意を得た。

そして、1997年9月3日の第28回会議で「中間報告」が取りまとめられた。この中で、執行部門に係る業務のうち、公共的・公益的性格から執行部門に特別の義務・能力等が必要とされる業務で、効率的・効果的な実施のために国とは別の法人格を付与しておこなわせることが必要な業務については、独立行政法人制度が導入されることになった。また、ここでは制度設計についての基本的考え方として、事前統制から事後統制への転換を図っている。この転換を実現するための仕組みを考えるに当たっては、評価の実施と自主性・自律性の付

与に関する視点が重要である.

（2）「中間報告」以降の審議過程

　「中間報告」の審議は，自民党・社民党・新党さきがけの与党3党がそれぞれ検討をおこなった上で，これらを与党行政改革協議会において調整が図られるという，まさに政治の只中で進められることになった[5]．独立行政法人についての「中間報告」後の実質的審議は，1997年9月24日の第1回企画・制度問題および機構問題合同小委員会（以下，「合同小委員会」という）が最初であった．ここでは，持ち越しとなっていた独立行政法人の職員の身分保障問題につき，藤田宙靖氏の「最終報告案作成に向けての検討メモ」をもとに審議が進められた．独立行政法人の職員の身分については，公務員の身分から外すことで概ね理解されていたが，これを純粋に貫き通す現実性はないことが大方の意見となっていた．また，1997年10月1日の第2回合同小委員会では，事務局から提示された「独立行政法人の職員の身分に関する検討」という追加資料にて審議が進められた．この問題については，1997年10月22日・10月29日の第5回・第6回合同小委員会および1997年10月29日の第34回会議でも審議されたものの，最終的な合意を得ることはできなかった．しかし，実質的には委員案，事務局案ともに現行の国家公務員と同等の身分を与えることにしており，一応の決着をみることになった．

　独立行政法人の対象業務については，この頃から審議が本格化しており，第6回合同小委員会では，「中間報告」に盛り込まれた対象業務の要件が確認されるとともに，独立行政法人の検討対象として想定される業務・機関が例示された．また，1997年11月22日の第36回会議では，独立行政法人として検討すべき業務として，136の機関・業務が事務局から列挙された．

　こうした審議を得て，『最終報告』をまとめるべく，1997年11月17日から21日まで，計20時間以上におよぶ集中審議がおこなわれた（第37回から第41回会議）．独立行政法人の職員の身分については，集中審議2日目（第38回会議）に「独立

行政法人の職員の身分に関する整理」が事務局より示され，公務員型と非公務
員型の2種を設けるという制度設計が了承された．秋の集中審議の結果，懸念
であった職員の身分保障の問題は最終決着が図られ，また，対象機関・業務に
ついても大筋のところで合意が得られることになった．そして，1997年12月3
日の第42回会議にて『最終報告』が取りまとめられた．『最終報告』では，国
がおこなう政策の企画立案部門と執行部門とを分離し，執行部門のうち一定の
事務・事業について，効率性の向上や透明性の確保を図るため，独立の法人格
を有する独立行政法人を設立することが提言された．また，ここでは，上述の
職員身分の考え方の他，独立行政法人の検討対象となり得る業務として73の機
関・業務が列記された．さらに，法的制度については，独立行政法人の組織・
運営に関する共通的事項を整備した上で，個々の独立行政法人の設立は各法人
個別の設置法によるものとした．これによって約1年におよぶ審議を事実上終
了した[6]．

（3）行政改革会議以降の経緯

行政改革会議以降については，独立行政法人の制度設計上，特段変更がない
ことから，表3-1に沿って経緯を紹介するのみにとどめておく．

まず，『最終報告』の提言を受けて，1998年6月に施行された中央省庁等改
革基本法（1998年法律第103号）において，独立行政法人制度の創設が盛り込まれ
た．具体的には，共通の事項を定める法令の制定，個別の法人の名称・目的・
業務等を定める，いわゆる個別法の制定，中期的な目標管理，定期的な組織・
業務の見直し，そして評価委員会の設置等である．

その後，1999年4月には，中央省庁等改革基本法にもとづき，「中央省庁等
改革の推進に関する方針」が策定され，独立行政法人制度の骨格および89の業
務・機関に対する独立行政法人化の方針が固まった．また，この基本法で整備
が求められた法律として，1999年7月に通則法が，同年12月には国立公文書館
法の一部を改正する法律（1999年法律第161号）等59法人の個別設置法が，それぞ

表 3‐1　行政改革会議以降の独立行政法人制度に関する経緯

1997年12月	行政改革会議『最終報告』において，独立行政法人制度の導入を提言
1998年 6 月	中央省庁等改革基本法成立．独立行政法人制度の創設が盛り込まれる
1999年 4 月	「中央省庁等改革の推進に関する方針」において，独立行政法人制度の骨格及び89の事務・事業の独立行政法人化の方針を決定
1999年 7 月	独立行政法人通則法成立．独立行政法人の運営の基本，その他制度の基本となる共通の事項を定める 「独立行政法人通則法の施行に伴う関係法律の整備に関する法律」成立 独立行政法人制度の導入にともない，国家公務員法その他関係法律の規定を整備し，経過措置を規定
1999年12月	国立公文書館法の一部を改正する法律等59法人の個別設置法成立（独立行政法人教員研修センター法は2000年 5 月成立） 独立行政法人の業務実施の円滑化等のための関係法律の整備等に関する法律成立
2000年12月	「行政改革大綱」において，2001年 4 月の独立行政法人移行および今後の独立行政法人移行の方針を明示
2001年 4 月	国立公文書館等57の独立行政法人が発足

出典：「独立行政法人評価年報（平成14年度版）（PDF）」（http://www.soumu.go.jp/main_content/000071710.pdf，2018年 7 月26日閲覧）．ただし，筆者が一部加筆・修正．

れ成立した．2000年 6 月には，独立行政法人の組織，運営および管理に係る共通的な事項に関する政令等が策定された．2000年12月には，2001年 4 月の独立行政法人移行および今後の独立行政法人移行の方針を明示した行政改革大綱が閣議決定された．そして，2001年 4 月 1 日には，9 府省57の独立行政法人が発足した（表 3‐2）．

＋ 2．独立行政法人制度の枠組み

（1）独立行政法人と「減量」

　独立行政法人制度の創設に当たっては，次のような 2 つの基本的な考え方があった．第 1 には，国，地方そして民間との役割分担に関する視点から，既述のとおり行政機能の「減量」が図られていたことである．減量には，行政活動の幅を狭めようとする「水平的減量」と，行政活動の奥行きを狭めようとする

第 3 章　独立行政法人制度における統制の設計　　67

表 3 - 2　独立行政法人一覧 (制度発足当初)

(内閣府) (1法人)	(農林水産省) (17法人)
国立公文書館	農林水産消費技術センター
(総務省) (2法人)	種苗管理センター
通信総合研究所	家畜改良センター
消防研究所	肥飼料検査所
(財務省) (1法人)	農薬検査所
酒類総合研究所	農業者大学校
(文部科学省) (16法人)	林木育種センター
国立特殊教育総合研究所	さけ・ます資源管理センター
大学入試センター	水産大学校
国立オリンピック記念青少年総合センター	農業技術研究機構
国立女性教育会館	農業生物資源研究所
国立青年の家	農業環境技術研究所
国立少年自然の家	農業工学研究所
国立国語研究所	食品総合研究所
国立科学博物館	国際農林水産業研究センター
物質・材料研究機構	森林総合研究所
防災科学技術研究所	水産総合研究センター
航空宇宙技術研究所	**(経済産業省) (5法人)**
放射線医学総合研究所	経済産業研究所
国立美術館	工業所有権総合情報館
国立博物館	日本貿易保険
文化財研究所	産業技術総合研究所
教員研修センター	製品評価技術基盤機構
(厚生労働省) (3法人)	**(国土交通省) (11法人)**
国立健康・栄養研究所	土木研究所
産業安全研究所	建築研究所
産業医学総合研究所	交通安全環境研究所
	海上技術安全研究所
	港湾空港技術研究所
	電子航法研究所
	北海道開発土木研究所 (農林水産省と共管)
	海技大学校
	航海訓練所
	海員学校
	航空大学校
	(環境省) (1法人)
	国立環境研究所

出典：行政管理研究センター編 [2001：257] より筆者作成.

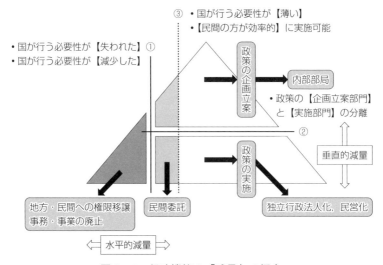

図 3-1　行政機能の「減量」の概念
出典：高崎・渡辺 [2000：27]．ただし，筆者が一部加筆・修正．

「垂直的減量」とが併存している [藤田 1999b：111；高崎・渡辺 2000：27-28]．前者の具体的方策は，地方や民間への権限委譲等である．そして後者のそれは，独立行政法人化等をあげることができる．この水平的減量と垂直的減量の関係を概念的にまとめると図 3-1 のようになる．水平的減量は，行政の活動の幅（図中①③のプロセスであり，行政関与の度合をあらわす）を狭めようとするものであり，垂直的減量は，行政の組織の規模（図中②のプロセスであり，国家行政組織の規模をあらわす）を縮小しようとするものである．ここから，独立行政法人制度は，国家公務員削減の達成に資するものと理解できる [参照，古川 2001：172]．

ただし，企画立案部門と執行部門の分離のアイデアそのものは，行政改革会議で初めて提唱されたものではなく，過去に開催された第一次臨時行政調査会において，次のように勧告されている [行政管理研究センター編 1977：95]．

　　　中央省庁における企画機能の強化・純化をはかるために，同一組織中に混在する企画・実施両事務を組織的に分離することが必要である．この場

合，実施事務を担当する部門においては，行政計画の立案その他の重要な企画事務に直接的には関与させず，もっぱら実施事務の管理運営を専門的に行わせることを考慮すべきである．

ここから，行政組織の内部で減量したとしても執行部門を外部に転嫁し得るという，これまでの日本の行政組織の傾向が継承されていることがわかる．それでも独立行政法人制度に注目が集まったのは，表面的・数字的減量がターゲットになっていたからである［金井 1999：124］．本来，エージェンシー化の目的とすべき効率性の要請については，独立行政法人化の対象となった一部の組織に対してのみ強調されることで，執行部門全体に係る独立行政法人制度の創設の理由になったという指摘がある［山本 1999：132］．事実，エージェンシー化における政治主導の圧力が強かったことは，「中間報告」に至るまでの審議過程をみても明らかであろう．

第2に，独立行政法人制度の目的・意義は，国の行政組織および事務・事業の減量化，その運営の効率化ならびに国が果たす役割の重点化にある．こうした目的を達成するために中央省庁等改革基本法が予定している措置としては，例えば① 地方・民間への権限移譲，② 事務・事業の廃止，③ 民間委託，④ 独立行政法人化，⑤ 民営化等，をあげることができる．

（2）独立行政法人の位置づけ

『最終報告』では，組織・事務・事業について，官民の役割分担，地方分権，民間能力の活用の見地からの見直しを徹底的に進めていくことが基本的な考え方として述べられている．これに当たり，行政機能の減量は，重要な課題となっていた．

しかしながら，国が実施している事務・事業の中には，① 国が自ら主体となって直接実施しなければならないものではないが，② 民間の主体にゆだねた場合には，その事務・事業が必ず実施されるという保証がなく，③ 実施さ

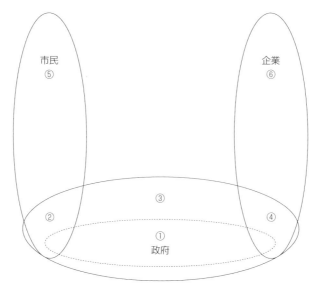

図3-2　公共領域の活動主体
出典：岩崎［2006：20］．ただし，筆者が一部修正．

れないときには，国民生活や社会経済の安定等に著しい支障を生じるものが存在する．こうした事務・事業について，独立行政法人制度を活用し，確実かつ適正な実施を確保しようとしたことである［行政改革会議事務局OB会編　1998：94］．具体的には，次のような事例があげられる［宮脇・梶川　2001：82-83］．

〈1〉公共財を提供する場合（試験研究等）
〈2〉独占して提供させることが適当である場合（貨幣・紙幣の製造等）
〈3〉行政サービスの価格が低く公定されている場合（美術館，博物館等）
〈4〉国民に義務づけられた行政サービスを提供する場合（検査検定等）

このように，独立行政法人は，事務・事業を実施する主体として，政府でもなく，民間でもない，いわばこれらの中間に位置づけることができる．岩崎［2006：20-23］では，公共領域における独立行政法人の位置づけを図3-2のように整理している．

この図では，政府，市民，企業の3つのアクターが存在している．⑤の市民による完全な私的領域と⑥の企業による完全な営利追求領域を除く①〜④を公共領域とし，そのうち政府の直接活動部分（①）以外の②〜④を新しい公共領域のアクターと位置づけている．②はボランティア，NPO等の市民活動，③は公益法人等の政府関連組織，④は電気・ガス等の事業者である．ただし，①と②③④の境界は明確なものでなく，行政サービスの種類によってその関わり方に濃淡がある．そして，①に近い位置（①と③の境界）にある一例が独立行政法人であるとしている．

┼ 3．独立行政法人制度と統制

（1）独立行政法人評価の特徴

従来の行政活動が，予算統制を中心とした事前の統制に重きをおいているのに対して，独立行政法人制度は，現実に即した機動的かつ効率的な行政実施を確保するために事後の統制に重点を移し，主務大臣の関与を一定限度に制限するかわりに，事後的な評価に置きかえることにしたものである［新川 2000：196-197］．そのため，従来の事前的な統制と異なる特徴として，独立行政法人の自律性と自主性があげられる［飯塚 2016：272］．この点を踏まえて，主務大臣の独立行政法人に対する監督その他の関与は，通則法等の法令において定めるものに限られている．これは，主務大臣の関与を制限することにより，法人運営の細部にわたる一般監督権限を極力排し，組織運営上の自律性や自主性を可能なかぎり拡大することを意図している．

他方，独立行政法人制度は，① 業務運営の効率化に関する事項，② 国民に対して提供するサービスその他の業務の質の向上に関する事項，③ 財務内容の改善に関する事項，等について目標を設定し，これらの実績を事後的に評価するという「目標管理型」の仕組みが設計されている［大住他 2003：175-176］．この考えから，独立行政法人の業務実施に当たっては，法人による業務方法の

提示，主務大臣による目標設定，法人の長による計画と実施という手順を取ることになる［新川 2000：199］．そのかわり，結果と成果については，後述の重層的な評価プロセスを経て公表される．このように，独立行政法人制度は事後チェックへの重点の移行を図るため，主務大臣の監督等による事前の関与を必要最小限度のものに限定している［岡本 2001：19］．

　独立行政法人における統制の理論的背景としては，第一章で述べた NPM の "let the managers manage" と "make the managers manage" が影響している．独立行政法人制度が，法人の組織運営に裁量を与え（「管理の自由」），他方でこの実績を事後的に評価する（「結果による管理」）という，管理者への一定の権限委譲とそれにともなう結果責任の拡大という NPM 的な仕組みが設計されているからである．言い換えれば，独立行政法人制度における評価の導入は，ネットワーク・ガバナンスを事前統制型から事後評価型へ移行させる手段といえる［長島 2005：177］．

　これを通則法に照らすと，次のとおり独立行政法人評価の形を見ることができる．まず，目標や計画は，主務大臣が，３年以上５年以下の期間において，独立行政法人が達成すべき業務運営に関する中期目標を設定し，これを独立行政法人に指示する．独立行政法人は，この中期目標にもとづき，これを達成するための措置を盛り込んだ中期計画を作成する．また，独立行政法人は，主務大臣の認可を受けた中期計画にもとづき，年度計画を定め，これらの計画に沿って業務を執行する．

　次に，業務実績評価については，府省委員会が評価（一次評価）をおこない，その評価結果を政独委員会が二次評価として「評価の評価」（meta-evaluation）を実施する．この「評価の評価」は，評価情報の適切さや十分さ，評価分析手法の適否，それから導き出された結論の妥当性，そしてこの結論にもとづき下された業務の中止・継続・廃止等の判断の説得性を検証することが役割である［山谷 2006：260］．これにより，評価の客観性を保ち「評価のお手盛り」を排する二重の評価システムが構築されている．

一次評価と二次評価の違いは次のとおり整理できる．府省委員会による独立行政法人の業務実績評価は，1999年の「中央省庁等改革の推進に関する方針」にもとづき，「委員会が設定する客観的な評価（例えば，中期目標の達成度合に応じた数段階評価）基準による」ことになっている[8]．これに沿って，原則，府省委員会別に評価基準が設けられており，それぞれ相違する点があるものの，基本的な考え方は類似している[9]．具体的には，中期計画や年度計画に掲載した項目毎の業務の進捗状況等を評価する「項目別評価」と，これをもとに独立行政法人の業務全体を総合的に評価する「総合評価」で構成されている．項目別評価については，業務の達成状況に応じて3から5段階の評定をおこなうことが通常であるが，これに加えて総合評価は記述式により評価結果を記載するものもある．また，2002年に政独委員会は，「政策評価・独立行政法人評価委員会における独立行政法人評価に関する運営について」において，「評価の評価」の基本的な考え方を明らかにしている[10]．第1は，府省委員会が定めた評価基準に適合した形で適切に評価がおこなわれているか，評価基準を踏まえた評価の内容は妥当なものとなっているかを点検することである．第2は，評価結果を全体的に把握し，評価の実効性向上に資すると考えられる手法や視点等を発見し，検証の結果，肯定される場合には，府省委員会に対して情報提供をおこなうことである．このように，府省委員会は中期計画や年度計画における業務の達成度を評価し，また政独委員会はその評価の妥当性を確認し，ベスト・プラクティスあるいはグッド・プラクティスの発見に努めることが求められている．

そして，独立行政法人の業務を継続させる必要性や組織のあり方等の見直しについては，中期目標期間終了時に主務大臣が実施し，次期の業務全般や組織運営等に反映すべく所要の措置を講ずることになっている．具体的には，業務の継続（民営化，業務の改廃等を含む），業務運営の方法（中期目標の設定，中期計画の認可等），組織のあり方（組織の存廃等），役職員の身分のあり方（公務員型独立行政法人の非公務員化），そして独立行政法人の長等の人事や給与への反映，をあげることができる［箕浦 2006：86］．見直しの際，主務大臣は府省委員会の意見

図3-3 PDCAサイクルと独立行政法人評価
出典：筆者作成．

を聴くことが求められている．また，政独委員会が別途，主要な事務・事業の改廃につき主務大臣に対して勧告できる機能を有する．

このように，独立行政法人評価に際しては，目標・計画の策定，ルーティンとしての業務実績評価，そして業務全般・組織の見直しが実施される．この評価の流れをあえてわかりやすくするために，①計画を立て（Plan），②実行し（Do），③その評価（Check）にもとづき，④改善（Action）するというPDCAサイクルに当てはめてみると，図3-3のとおり位置づけることができる．ここで，後の2つは事後的な評価という位置づけになるが，"Check"は業績測定を中心とする評価であるのに対して，"Action"は組織の存廃を含めた見直しという点に違いがある．

評価機能を含めた独立行政法人制度の概要は，表3-3のとおりである．独立行政法人の長は，従来の主務官庁職員からの任命の他，外部からの公募による任命も可能となった．職員については，国家公務員としての身分が与えられる公務員型とそうでない非公務員型に区分される．

（2）独立行政法人に対する統制と予算編成過程

『最終報告』では，独立行政法人に対する統制について次のように述べている．まず，主務大臣の独立行政法人に対する関与は，法人の業務および組織運営に関する基本的な枠組みに限られるものとしている．また，主務大臣の関与を制限することにより，法人運営の細部にわたる関与を極力排除し，組織運営上の自律性・自主性を可能なかぎり拡大するものとしている．独立行政法人に

第 3 章　独立行政法人制度における統制の設計　75

表 3 - 3　独立行政法人制度の概要

側　面	内　　　　　容		
法人の長	主務大臣による任命（主務官庁の上級官，または外部公募）		
中期目標	法人の性格に応じて，3 年から 5 年の期間における中期目標の設定		
職　　員	独立行政法人の職員は，基本的には公務員型と非公務員型と区別		
	タイプ	公務員型	非公務員型
	身 分 保 証	団体権，団体交渉権あり，争議権なし，現業国家公務員並み	労働三権付与
	勤 務 条 件	中期計画の範囲内で，長が裁量により決定	
	服　　務	国家公務員法の適用	就業規則等で決定 みなし公務員規定の適用可
	定 員 管 理	法令定員制度対象外 国への実員報告	長の裁量で決定 中期計画等で発表
	職 員 任 命	長による任命，国家公務員法を基本に採用基準を柔軟化	長による任命，採用基準は長が定める
	給 与 水 準	民間企業，国家公務員の水準をベースに長が決定	長が決定
財政措置	資金・土地・施設等の国の財政からの出資金を許容，自己収入の国庫への上納なし		
	一般補助金	「渡し切り交付金」の性質をもつ運営交付金の交付	
	施 設 費	国が中期計画にもとづく固定的な投資経費を負担	
会　　計	• 原則「企業会計的」財務諸表の導入（貸借対照表，損益計算書） • 国際会計基準への対応のために，「キャッシュフロー計算書」の作成が必要 • 独立行政法人の性質を考慮した「行政サービス実施コスト計算書」，特別な会計処理等が導入		
評　　価	• 府省委員会と政独委員会によるダブルチェック • 財務評価，中期目標の達成度の評価（コスト面およびパフォーマンス面）		
情報公開	計画，業務内容，財務，評価等の事項を積極的に公表		

出典：宮脇［2001：230］．ただし，筆者が一部加筆・修正．

　よる業務遂行に一定の自律性・自主性を認めるという方針により，主務大臣の関与は相対的に縮小することが期待されているからである．これらから，統制の緩和が制度の基本概念として唱えられていることがわかる．

　しかし，主務大臣の関与が引き続き行政指導の範疇にあるとき，また評価委員会による実績の評価・勧告の制度が弾力性を欠くときには，効率的な運用と

は逆の効果をもつことになる［塩野 2001：82］．むしろ，企画立案部門と執行部門の区別が新たな行政組織内の階層性，支配・従属の関係を生むことを示唆しており，独立行政法人として組織的に分割しても，両機能の緊密な関係が維持される可能性は否定できない［多賀谷 1998：11；浜川 1998：95］．この指摘は，第1章で述べたリレーショナル・ディスタンスの仮説に符合する．企画立案部門と執行部門との距離が離れる（リレーショナル・ディスタンスが大きい）ことにより，企画立案部門からの統制が働くのである．

　さらに，独立行政法人評価は予算編成との関係が重要視される．例えば，2002年12月に政独委員会が取りまとめた「平成13年度における独立行政法人の業務の実績に関する評価の結果についての第2次意見」において，府省委員会における評価は，これを可能なかぎり迅速におこない，その結果を各年度下半期の予算執行や次年度予算に係る8月末の概算要求に着実に反映することが提言されている[11]．

　ここで予算編成の過程を概観してみる［新藤 1995；1998；西尾 2001：322-44；東田 2004：186-96］．まず，各府省は，新年度（4月）に入ると課レベルで次年度予算の要求の検討を開始する．局レベルの予算要求案作成は，5月頃から開始され，7月には予算担当部局にあげられる．この頃，経済財政諮問会議の検討を経て概算要求基準（いわゆる「シーリング」を指す）が閣議決定されるため，府省全体でシーリングに合致するように調整がおこなわれる．調整が完了した予算要求案は，省議を経て8月末までに財務省に概算要求として提出される．9月から12月までは財務省が概算要求の内容を査定する時期であるが，通常12月20日前後には財務省原案がまとめられるため，遅くとも12月初旬には各府省の査定額が登録される必要がある．経済財政諮問会議から予算編成方針が示された後，財務省原案の閣議決定・財務省原案内示，復活折衝，概算決定閣議を経て，年末の御用納め（12月28日）前後に政府原案が確定する．この政府原案は，1月に招集される通常国会に提出され，衆議院による先議の原則に従い審議される．すなわち，衆議院の議決後30日たっても参議院が議決しない場合や，

参議院が異なる議決をおこない，両院協議会で合意に至らなかった場合は，衆議院の議決が国会の議決となる．そのため，与党は，暫定予算を組む必要がなくなる期限の3月初旬には，衆議院を通過して参議院に送付しようとするのが通例である．その結果，順調な場合には，3月末に翌年度予算が成立する[12]．

　このように，ほとんど1年中予算編成の作業が発生している中，どのタイミングにあわせて独立行政法人の見直しについて勧告するかも重要なポイントとなる．これによって独立行政法人評価の実効性が可変するからである．政独委員会の勧告については，通則法上，中期目標期間の終了時におこなうこととされているが，それが文字どおり終了時か，あるいは終了を見越してなのかは曖昧になっているからである．しかし，独立行政法人は，表3-4のような予算編成過程に鑑み，中期目標期間最終年度の政府原案確定までには実質的な見直し措置を受けることになる．

　既述のとおり，予算編成の作業は，4月の新年度が開始して1カ月も経過しないうちに実質的な検討が開始され，7月には省内の素案が作成される．つまり，6月末に独立行政法人から前年度の業務実績報告書が提出され次第，直ちに府省委員会の評価がおこなわれないかぎり，この評価結果を8月末の概算要求に反映できないことになる．また，勧告の方向性を示すタイミング次第では，12月初旬の査定額登録までの期間が十分に確保できないおそれがある．さらに，主務大臣が勧告の方向性を踏まえた見直し案を発表し，政独委員会がこれに対する意見を提示した上で，行政改革推進本部がこの見直し案を了承する過程を考えるならば，実際は予算に反映させるための調整が非公式に進められることが想定される．

　このように，独立行政法人評価を機能させようとすると，予算編成作業と齟齬が生じるおそれがある．予算編成の作業については，新年度に入る前に予算を国会で議決してもらわなければならないという絶対的な要請から逆算して，各段階の締切期限が設定されており［西尾 2001：333］，独立行政法人評価のために長年培われた現在の日程を調整することは現実的でない．それゆえ，予算

表 3 - 4 中期目標期間終了時の見直しの過程

時　期	予算編成過程	見直し過程
中期目標期間最終年度の 8 月まで	シーリング概算要求	• 主務大臣は，年度業務実績評価（前年度までの評価を含む）等を踏まえ，組織・業務全般の見直し当初案を作成し，予算を要求
9 月〜11月	査　定	• 政独委員会は，中期目標期間終了時の見直しの勧告の方向性を指摘 • 主務大臣は，勧告の方向性の指摘を踏まえ，見直し案を修正．その際，与党および財務省に対して適宜説明
12月	政府原案確定	• 主務大臣は，見直し案を行政改革推進本部に説明し，その議を経た上で見直し案を実質的に決定 • 行政改革推進本部は，政独委員会から意見を聴取
1 月〜 3 月	通常国会政府予算成立	• 主務大臣は，次期中期目標を設定 • 主務大臣は，必要に応じて通常国会に所要の法律案を提出
新しい中期目標期間が開始する 4 月以降	次年度予算要求検討開始	• 政独委員会は，中期目標期間終了時の勧告を実施 • 主務大臣は，勧告の内容を踏まえ見直しを正式決定

出典：「中期目標期間終了時における独立行政法人の組織・業務全般の見直しについて」（http://www.soumu.
go.jp/main_content/000509069.pdf，2018年 7 月26日閲覧），「平成15年度に中期目標期間が終了する独
立行政法人の見直しについて」（http://www.soumu.go.jp/main_content/000509070.pdf，2018年 7 月
26日閲覧）をもとに筆者作成.

編成作業に沿うような独立行政法人評価を実施していくことになるが，予算編成作業を反映した実質的な見直しがおこなわれるかについては留意を要するものと考えられる.

┼ 4 . 特殊法人の独立行政法人化

（ 1 ） 独立行政法人制度と特殊法人との関係

　行政改革会議で取りまとめられた「独立行政法人」は，実定法上の概念であり，通則法第 2 条第 1 項がしばしば引用される．ここでは，独立行政法人について，「国民生活及び社会経済の安定等の公共上の見地から確実に実施されることが必要な事務及び事業であって，国が自ら主体となって直接に実施する必要のないもののうち，民間の主体にゆだねた場合には必ずしも実施されないお

それがあるもの又は一の主体に独占して行わせることが必要であるものを効率的かつ効果的に行わせることを目的として，この法律及び個別設置法の定めるところにより設立される法人」と定義されている[13].

　それでは，特殊法人との違いは何であるといえるのだろうか．特殊法人の定義については諸説があり，法令および行政運営上，使われている特殊法人の概念やその範囲は必ずしも一致していない．このうち，特殊法人の概念として，総務省設置法（1999年法律第91号）第4条第15号がしばしば用いられる．同条文では，「法律により直接に設立される法人又は特別の法律により特別の設立行為をもって設立すべきものとされる法人（独立行政法人を除く）」を特殊法人としている[14]．この概念は，行政評価・監視の対象としての特殊法人の定義であるが，機能的な側面から見た実定法上の区別としては，やはり曖昧であるといわざるを得ないだろう．

　東田［2004：102-103］は，講学上，必ずしも熟したものではないものの，特殊法人の性格として次の3点をあげている．

　　① 国の行政に関連する公的な事務・事業を遂行している
　　② 事務・事業の性格が企業的経営になじむものが多い
　　③ 行政機関に担当させると制度上の制約から効率的経営を期待できないため，国とは別の人格である法人を設けている

　つまり，公的な事務・事業を遂行する場合であっても，利用料収入といった受益者負担の対価が期待される等，企業的経営になじむとみられる場合があり，国の直轄では制度上の制約から効率的な経営が期待できない場合に，国とは別の法人にその事務・事業を担わせるものを特殊法人というわけである．

　ただし，国から独立した法人格をもち，民営化に馴染まない業務を担うという観点からみれば，独立行政法人も特殊法人の一種であるということも不可能ではない［藤田 2001：171-172］．例えば，山田［1957：38-39］は，講学上，公企業の組織形態を「独立法人」と「特殊法人」の2形態に分けているが，同書の

「独立法人」が国の全額出資により設立され，政府からある程度の独立性を認められる，いわゆる本稿における独立行政法人や特殊法人であるのに対し，「特殊法人」は政府が半額折半している公私混合形態（かつての農林中央金庫等）としている．また，塩野［2001：79-80］は，国や地方公共団体のように，憲法によって行政主体たる地位を有している法人以外で，制定法上，行政を担当するものとして位置づけられている独立行政法人や特殊法人を「特別行政主体」と称している．それでも，独立行政法人の場合は，通則法によって定型的な定めがなされており，しかもその法的規律の内容は，特殊法人に存在しなかったものが多く含まれている［藤田 2001：172］．

　ここで，行政改革会議における特殊法人についての論点を整理しておく．特殊法人については，個別的業務についての国の事前介入や業務実績評価制度の欠如等，様々な問題点が指摘されてきており［同：176]，『最終報告』では，この問題について，具体的に次のように述べている．

　　特殊法人については，（中略）時代の変遷に伴う役割の低下などに加え，主務官庁による強い事前関与・統制による自律性・自主性の欠如，事業運営の非効率性・硬直性の顕在化，経営内容の不透明性，組織・業務の自己増殖，不要不急な業務の拡張，経営責任体制の不明確性など，従来から様々な問題点が指摘されてきたが，その大きな原因は，これらの問題点を解消するような共通の制度的枠組みが存在しないところにあると考えられる．

　　今回創設される独立行政法人制度においては，各法人の目的・任務及び業務・組織運営の基本的な基準などが法令等によって明確化され，国民のニーズとは無関係に自己増殖的に業務を拡張することが防止される仕組みとなっている．さらに，目標設定や評価に関する仕組みの導入，弾力的な財務運営，組織・人事管理の自律性の確保，効率化やサービスの質向上に対するインセンティブの付与，徹底的な情報公開，業務の定期的な見直し

など，組織・運営に関する共通の原則が制度化されており，現行の特殊法人について指摘されている問題点は克服される仕組みとなっている．（Ⅳ2(2)④ウ）

　このように，独立行政法人制度は，組織や運営の共通原則を制度化し，特殊法人について指摘されている問題点を克服するものとして創設されている．例えば，役割が低下しているにもかかわらず存続している事業については，3年から5年の中期目標期間の単位で，業務継続の必要性や組織形態のあり方について改廃を含めて見直しをおこなうことによって，これを解消できるものとしている．また，府省委員会や政独委員会による評価が独立行政法人の長の処遇に反映されることから，経営の責任体制が明確になる，といった効果が期待されている．

　他方，『最終報告』では，独立行政法人と特殊法人の関係について，次のとおり提言していた．

　　　この〔独立行政法人〕制度は，国家行政組織外の主体によって担われる公的な事務・事業について，その組織，運営等に関する新たな基本原則を確立するものである．したがって，（中略）特殊な法人として存置すべきと判断された法人についても，独立行政法人制度のねらいとするところが生かされるよう，適切な運営が図られなければならない．（Ⅳ2(2)④エ．ただし，括弧〔　〕は筆者が加筆）

　つまり，『最終報告』では，特殊法人の問題点を克服するために，共通のルールを制度化することが適当としている一方，特殊法人は独立行政法人と制度的に異なるものと認識していると考えられる．それゆえ，独立行政法人に類似した既存の制度として存在する特殊法人の改組は二次的となっている〔人見2000：4〕．この相違は，次に論じるように，特殊法人の改革に対する新たな問題を招くおそれがある．

（2）中期目標の数値化に付随する限界

　独立行政法人の中期目標については，主務大臣が中期目標期間終了後に組織の改廃等を含めた所要の措置を講ずるための見直しに直結するため，すでにいくつかの提言がなされている．例えば，「中央省庁等改革の推進に関する方針」では，「独立行政法人の中期目標は，できる限り数値による等その達成状況が判断しやすいように定めることとする」としている．また，「平成13年度における独立行政法人の業務の実績に関する評価の結果についての第2次意見」および2003年4月に行政改革推進事務局が取りまとめた「独立行政法人の中期目標等の策定指針」においても，できる限り定量的な目標値を盛り込むことを求めている[15]．

　例えば，「中央省庁等改革の推進に関する方針」により独立行政法人化が決定された89の事務・事業の中で，試験研究や検査検定といった「サービス」業務が対象となっている．そのため，これらの事務・事業から形成された独立行政法人（先行独法）は，中期目標の設定において，必然的に「年間治療患者数を現在（約170名）の2倍程度にする」（放射線医学総合研究所中期目標），あるいは「農薬取締法（1948年法律第82号）第3条第1項第4号から第7号までのいずれかに掲げる場合に該当するかどうかの基準の設定が必要な農薬の検査については，1年5か月以内」（農薬検査所中期目標）というように，具体的な評価項目が中心となっている．

　他方，特殊法人は，建設や開発に対する金融支援等により多様な業務の促進・発展を担う組織であることから，上記機関と比べて定量的な中期目標をたてにくい．実際，特殊法人から移行した独立行政法人（移行独法）においては，「対日直接投資の促進」（日本貿易振興機構中期目標）や「技術協力の効果的・効率的実施」（国際協力機構中期目標）といった定性的な評価項目が多分に記載されている．それゆえ，2003年9月に特殊法人等改革推進本部参与会議が「中期目標及び中期計画案に対する参与会議の指摘事項」において指摘しているように，中期目標の数値化は，一般管理費の削減等といった定量化の容易な事項が中心

となっている[16]. もちろん，一般管理費削減の必要性は当然無視できないものである. しかし，中期目標の数値化が困難な業務であるにもかかわらず，定量化に偏ることによって，特殊法人の非効率性の改善に繋がるかについては，疑問の余地がある.

そもそも，独立行政法人制度は，英国のエージェンシー制度と異なり，運転免許証の発行等，必ずしも定型的な事務・事業を大量かつ反復的におこなうような業務を主たる対象として，運営管理上の時間・労力・費用の削減を図るという意味での効率性のみを，その目的としているものではない［藤田 1999b：113］. つまり，エージェンシー制度をモデルにしたといわれる独立行政法人制度であるものの，「国以外の法人」として業務をおこなうという独立行政法人固有の特徴を重視するのであれば，その対象としては，少なくとも民間でもまたおこなえないような業務が選択されることになる［藤田 2001：174］. それゆえ，実施機関の役割に限定されない，あるいはたとえ限定されたとしてもその業務の多様な特殊法人も独立行政法人の対象となり得るのである. その一方で，効率性を評価するための数値化は一律的に実施しようとしているため，上記のような課題が発生する可能性があると考えられる.

（3）独立行政法人に対する統制の公式化にともなう限界

すでに述べたとおり，独立行政法人制度は，自律性や自主性の高い組織を目指すことを念頭において制度設計されている. しかし，主務大臣は理事長の任免，中期目標の設定，中期計画の認可等，独立行政法人に対する新たな公式的統制をもっており，これが独立行政法人制度の自律性・自主性を損なう可能性は否定できない.

その理由としては，主務大臣による公式的な統制が，特殊法人の業務の自己増殖や不要・不急な業務の拡張を防止できるかということにある. つまり，創設された独立行政法人制度の理念は理解されていたとしても，主務官庁と独立行政法人との間に従来からの統制が存在しているならば，主務大臣による中期

目標の設定や，これにもとづく独立行政法人による中期計画の策定に弾力性を欠き，独立行政法人の活性化とは逆の効果をもつことになる［塩野 2001：82］．

　また，独立行政法人に移行したからといって，政治の介入に対して自律性や自主性を維持していけるのかという問題もある．従来，ある特殊法人が社会的問題をおこした場合，その特殊法人の主務官庁に対する国会の責任追及が徹底されたため，主務官庁の特殊法人に対する関与は，計画段階から執行に至るまで詳細におこなわれるからである［増島 1999：18］．つまり，特殊法人に対して指摘されている問題に関して，主務官庁だけでなく，政治の関係が影響していることも無視できないのである．

（4）天下りの受け皿としての限界

　最後に日本の行政の根本的な課題の1つであり，その対象は特殊法人に限ったものではないが，特殊法人の典型的な問題として，天下りの受け皿としての側面がある．

　退職した国家公務員は，多くの場合に再就職する．これを一般に「天下り」という［真渕 2009：54］[17]．国家公務員法（1947年法律第120号）第103条では，国家公務員が離職前5年間に在職していた職務に関連する民間企業に離職後2年間は天下ることを禁止しているが，特殊法人についてはその対象外である．そこで，通則法第20条では，国家公務員が退職後に就くポストとしての無意味な天下りは止めるべきという批判に対して，民間企業の経営者や経営に関するコンサルティング業務をおこなっている者を独立行政法人の長として主務大臣が任命可能と規定している［岡本 2001：34］．天下りについては，国会での関心も高く，例えば，国会法（1947年法律第79号）第74条にもとづく質問主意書においても，独立行政法人の長が官僚出身者となる可能性について質疑されている[18]．この質問に対しては，高度な知識・経験や適正かつ効率的な運営の能力を有する者を，民間人を含め，適材適所の観点から広く求める所存と答弁されている[19]．

　しかしながら，主務大臣が独立行政法人の長を任命する点は，特殊法人のと

きと同様である．そのため，主務大臣は，独立行政法人への移行後も，従来の意識をもったまま国家公務員からの天下りを認める懸念がある．少し古い資料ではあるが，実際，2003年10月に発足した32の独立行政法人のうち，官僚出身者でない法人の長（理事長）を有しているのは，6法人に過ぎない[20]．また，理事長・監事を除く他の役員（理事）については，独立行政法人の長が任命することになっているが，上記の32法人を含めた独立行政法人における官僚出身者の役員就任状況は，2003年10月1日時点で528人中236人（うち常勤役員397人中211人）であり[21]，引き続き役員の半数程度が国家公務員からの天下りといえる[22]．

天下りの問題は，官僚出身者に高い給与や退職金を支払っているという金銭的な問題に限定されない．官僚出身者による特殊法人の運営が，ある意味，硬直化した体質を生み出していると考えられるからである．さらに重要なこととして，部長等の管理職に対しては通則法の枠外であり，独立行政法人は引き続き多数の官僚出身者を管理職として受け入れている．それゆえ，独立行政法人制度が天下りの受け皿問題を自動的に改善するとは言い難く，特殊法人の運営に係る硬直性を解消しないおそれがある．それでも，特殊法人の独立行政法人化は進められ，これが独立行政法人評価に大きく影響を与えることになるのである．

以上，本章では，独立行政法人の制度設計過程を分析し，独立行政法人制度の創設に当たっては，国，地方そして民間との役割分担に関する視点から，行政機能の「減量」が図られていることを説明した．また，主務大臣は制度的に付与された権限を越えた関与を図るおそれがあり，府省委員会と政独委員会の審議・答申等の状況や予算編成過程とのタイミングを踏まえて，独立行政法人の見直しは前広に実施されることを明らかにした．さらに，独立行政法人制度の理念と特殊法人改革とは，必ずしも制度的に整合的ではないことを指摘した．

注
1）　Yamamoto［2004：218］は，『最終報告』における独立行政法人制度創設の狙いを，

① 行政の減量化, ② 行政サービスの効率化・高質化, ③ 透明化にあると述べている.
なお, 英文における独立行政法人の概要については, Sanuki [2005] が詳しい.

2） 行政改革会議の審議内容については, 行政改革会議事務局 OB 会編 [1998] にすべ
てが掲載されている. 同書の他, 石上 [2001], 根本 [2000] 等を参照したが, 煩雑と
なるため個々の引用注はつけていない.

3） 実施庁については, 中央省庁等改革基本法第16条を参照. ちなみに『最終報告』で
は, 外局の典型である実施庁として, ① 金融監督庁, ② 防衛施設庁, ③ 郵政事業庁,
④ 公安調査庁, ⑤ 国税庁, ⑥ 特許庁, ⑦ 海上保安庁, ⑧ 海難審判庁, ⑨ 気象庁, ⑩
社会保険庁があげられたものの, 中央省庁等改革基本法においては金融監督庁および
防衛施設庁が実施庁から外され, 最終的には8庁となった. 実施庁の他, 準省として
防衛庁, 国家公安委員会, 金融監督庁および防衛施設庁が, 政策庁として消防庁, 中
小企業庁, 資源エネルギー庁, 食糧庁, 林野庁, 水産庁および文化庁が, 行政委員会
として公正取引委員会, 公害等調整委員会, 司法試験管理委員会, 公安審査委員会,
船員労働委員会および中央労働委員会が, いわゆる「外局」と位置づけられている.

4） 宮脇淳氏も独立行政法人が日本版エージェンシーと訳されていることに懸念をもっ
ている （1997年7月19日『日本経済新聞』北海道地方経済面）.

5） 与党行政改革協議会のメンバーは次のとおりであった （以下, 肩書きはすべて当時）.
自民党から加藤幹事長, 森総務会長, 山崎政調会長, 村上参院幹事長および武藤行政
改革推進本部長, 社民党から伊藤幹事長, 及川政審会長および中西総務会長, そして
新党さきがけから園田幹事長および水野政調会長, 以上の10名につき, 通称「10者協」
といわれていた.

6） 行政改革会議は, 『最終報告』以降, 3回（第43回から第45回会議）開催されており,
最終会議に当たる第45回会議が開催された1998年6月23日に中央省庁等改革推進本部
が発足したことから, 1998年6月30日をもって解散した.

7） 佐々木 [2010：27] は, メタ評価の種類について, ① 評価の質的管理（評価デザイ
ン批評）, ② 評価結果の統合, ③ 独立的立場からの評価結果の再検討, の3つに整理
している.

8） 参照, 首相官邸ホームページ （http://www.kantei.go.jp/jp/cyuo-syocho/, 2018年7
月26日閲覧）.

9） ここでの説明は,「独立行政法人評価年報　平成19年度版」（http://warp.da.ndl.go.
jp/info: ndljp/pid/1283844/www.soumu.go.jp/menu_news/s-news/2008/pdf/081224_
1_99.pdf, 2018年7月26日閲覧）に従っている.

10） 参照, 経済産業省ホームページ （http://www.meti.go.jp/committee/summary/
0001630/pdf/007_02_06.pdf, 2018年12月13日閲覧）.

11） 参照, 総務省ホームページ （http://www.soumu.go.jp/menu_news/s-news/daijin

kanbou/021226_7.pdf, 2018年7月26日閲覧).

12) なお, 国の予算の年度末は3月末であるが, 出納期間は4月末まで与えられているため, 5月からいわゆる決算の段階に入る. 具体的には, 主務大臣が7月末までに歳入歳出決算書等を作成して, これを財務大臣に提出する. その後, 歳入歳出決算書等は, 財務大臣から会計検査院長に送付される. 会計検査院長は, 検査報告書を作成し, 内閣に提出する. そして, 内閣は, 検査報告書およびこれに対する弁明書を1月の通常国会に提出する [新藤 1995: 211; 1998: 133].

13) 講学上の「独立行政法人」の概念について, 田中 [1976: 187] では「特別の法律の根拠にもとづき, 行政主体としての国または地方公共団体から独立し, 国から特殊の存立目的を与えられた特殊の行政主体として, 国の特別の監督により, その存在目的たる特定の公共事務を行なう公法人」と定義している. この定義が最初となるが, 実定法上の「独立行政法人」とは意味が異なるものである. なお, 講学上の独立行政法人の定義については, 特殊法人の情報公開の制度化に関する研究会 [1998], 山本 [1999], 古川 [2001] 等にも述べられている.

14) ここでいう「法律により直接に設立される法人」とは, いわゆる旧三公社 (日本国有鉄道, 日本専売公社, 日本電信電話公社) を指す.

15) 「独立行政法人の中期目標等の策定指針」では, 定量的な目標設定の記載例が提示されている. 詳しくは, 内閣官房行政改革推進本部事務局ホームページ (http://www.gyoukaku.go.jp/jimukyoku/tokusyu/sisin/sisin.pdf, 2018年7月26日閲覧) を参照.

16) 参照, 内閣官房行政改革推進本部事務局ホームページ (http://www.gyoukaku.go.jp/sanyo/030912siteki.pdf, 2018年12月13日閲覧).

17) 天下りは, 「下の者の意向や都合を考えない, 上からの一方的なおしつけ. 特に, 官庁で退職後の幹部などを民間会社や団体などに受け入れさせること」と説明されている (広辞苑第7版). 天下りの定義は, 中野 [2009: 23-37] が詳しい. なお, 特殊法人と天下りの関係については, 例えば堤 [2002: 54-57] を参照.

18) 民主党・無所属クラブの長妻昭代議士提出「独立行政法人トップへの天下りに関する質問主意書 (2003年6月27日提出質問第111号)」. 参照, 衆議院ホームページ (http://www.shugiin.go.jp/internet/itdb_shitsumon.nsf/html/shitsumon/a156111.htm, 2018年7月26日閲覧).

19) 小泉首相答弁「衆議院議員長妻昭君提出独立行政法人トップへの天下りに関する質問に対する答弁書 (2003年8月5日受領答弁第111号)」. 参照, 衆議院ホームページ (http://www.shugiin.go.jp/internet/itdb_shitsumon.nsf/html/shitsumon/b156111.htm, 2018年7月26日閲覧).

20) 参照, 2003年10月1日『朝日新聞』朝刊4面.

21) 参照, 内閣官房行政改革推進事務局ホームページ (http://www.gyoukaku.go.jp/

jimukyoku/koumuin/h151225dokuhou.pdf，2018年7月26日閲覧）．

22）　国家公務員からの天下りは，その特殊法人の常勤役員の半数以内にとどめることを
目標とするという方針が1979年12月に閣議了承されている［並河 2002：39］．

第4章 「エージェンシー化」の日英比較

　前章では，独立行政法人に対する統制の制度設計について分析をおこなった．本章では事例研究として，英国のエージェンシーと独立行政法人との比較をおこなう．比較の対象は，英国の環境食糧農村地域省（Department for Environment, Food and Rural Affairs: DEFRA）管轄の農薬安全庁（Pesticides Safety Directorate: PSD）と農林水産省管轄の農薬検査所である．この事例研究に際して，筆者はDEFRAを訪問し（2002年9月17日），PSDについてヒアリングをおこなった．また，これに先立ち，農薬検査所（2002年7月30日）を訪問し，同様のことを実施した．両者は，共に農薬の登録業務を担っており，政府との関係が深いと想定される規制的機能（regulatory function）を有する機関である．DEFRAの意向により，直接PSDに訪問することはできなかったが，結果として統制側と被統制側を双方的に確認できたものと考える．ヒアリングの時期からは，かなり年月が経過しているものの，同時期に類似した機能をもつ機関を比較することで，日英における統制の相違の明確化を試みたものである．本章を日英におけるエージェンシー化の「横の比較」と呼ぶならば，次章以降の独立行政法人制度の実際を分析することは，1つの制度を時系列に展開する「縦の比較」と位置づけることができよう．本章では，それぞれの機関と業務を整理したうえで，PSDのフレームワーク・ドキュメントと農薬検査所の運用ルールである通則法において，どのような統制が構築されているかを検証する．

┼ 1. 農薬安全庁 (PSD)

(1) 農薬安全庁の概要

PSD は, 1993年 4 月に当時の農水産食糧省 (Ministry of Agriculture, Fisheries and Food, 2001年 6 月に DEFRA として再編) のエージェンシーとして設立され, 園芸や農業で使われる農薬の安全管理を担っている.

ここでいう農薬には, 殺虫剤, 殺菌剤および除草剤が含まれる. しかし, 次に述べる農薬は, PSD の管轄外となっている. 第 1 に, 例えばカビ等の微生物や家庭でみかける蠅や蜂のための殺虫剤, あるいは樹木の防腐剤については, 労働厚生省 (Department for Work and Pensions) から独立した公的機関 (Non-Departmental Public Bodies: NDPB) である健康安全局 (Health and Safety Executive) が管轄している. 第 2 に, 畜産物やペット用の防虫剤については, DEFRA の別のエージェンシーである獣医学薬品庁 (Veterinary Medicines Directorate) がその業務を担っている.

PSD は, チーフ・エグゼクティブのもとに, 農薬の登録検査をおこなう承認グループ (Approval Group), 登録検査以外の業務をおこなう政策グループ (Policy Group), そして財務会計等の総務的な業務をおこなう財務・IT・企業サービスグループ (Finance, IT & Cooperate Services Group) がある. それぞれのグループは, 3 つから 5 つの部門に分かれている (図 4 - 1).

(2) フレームワーク・ドキュメントの構成

既に述べたように, 各エージェンシーは, 主務大臣とチーフ・エグゼクティブとの間で締結されるフレームワーク・ドキュメントに従い, 業務を執行している. PSD についても1996年に見直されたフレームワーク・ドキュメントがある. 本来, PSD のフレームワーク・ドキュメントは, 設立 5 年後の1998年までは特段見直しを必要とされていなかった. しかし, PSD は, 世の中の変

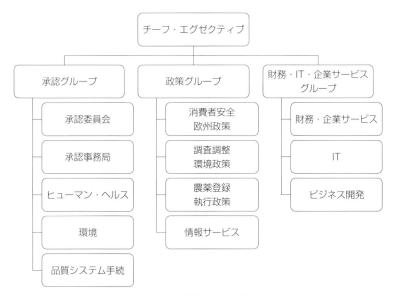

図4-1　農薬安全庁組織図
出典：DEFRAから入手した説明資料をもとに筆者作成．

化や進歩に対応するため，フレームワーク・ドキュメントの見直しを前倒しで実施したのである．

　それでは，PSDのフレームワーク・ドキュメントにおいて，どのような規定が記載されているのかをみていくこととする．まず，構成は次のとおりである．

　〈1〉組織，名称，法的な枠組み
　〈2〉目的，目標，業務，主務官庁
　〈3〉所在地，運営形態
　〈4〉アカウンタビリティ
　〈5〉業績指標，業務計画，事業計画
　〈6〉財政的な枠組み，財務目標およびその他財務に関する事項，年次報

告書，財務諸表，内部監査，業務査察，リスクマネジメント

〈7〉省庁・産業界に対するサービス

〈8〉支援サービス

〈9〉人事管理

〈10〉フレームワーク・ドキュメントの見直し，改正，公表

　これらの他，付録として食糧環境保全法（Food and Environment Protection Act）と農薬管理規則（Control of Pesticides Regulation）に従った PSD のレスポンシビリティおよび業績指標の対象事項が記載されている．

　続いて，PSD の目的，目標および業務が，どのように規定されているかみていくこととする[2]．まず，目的については，次のように述べられている．

　2.1）目的（Aim）

・農薬の販売，供給，貯蔵，広報および使用の管理をおこなうことにより，人類や動植物の繁栄を促進，環境を保護し，そして害虫をコントロールするために安全で，効率的かつ人道的な方法を確保する

　次に，目標については，次のとおり規定されている．

　2.2）目標（Objectives）

・園芸や農業等のために英国で販売，広報，供給，貯蔵あるいは使用された農薬につき，承認，見直し，調査および執行といった一連のシステムによって安全性，効能性および人道性の基準を満たすことを確保する

・経済的，効率的，効果的なサービスを提供する

・大臣の要求に応える政策提言を与える

・人類の健康と環境の保護を可能とならしめる害虫の効果的なコントロールを最小限の農薬によって促進する

・大臣によって設けられた毎年の財務および他の業績指標を達成する

・顧客に対するサービスの質を維持・改善するために，シティズンズ・チ

ャーターの原則を適用する
- 利用価値の高い情報を公表することにより，承認された農薬に対する信頼を増大させ，承認のシステムおよび承認後のコントロールについての知識および理解を拡大させる

そして，目的と目標を達成するためにおこなう業務は，次のとおりである．

2.3）業務（Functions）
- 農薬の承認および見直しに係る管理をおこなう
- 農薬に関する政策を展開し，状況に応じて大臣に助言する
- 農薬に関する諮問委員会（Advisory Committee）を第三者機関（independent secretariat）として設置する
- 承認された農薬を管理する
- 残留物を調査する
- 管理および調査に係る費用を賄うために，製造業者から必要な費用を徴収する
- 農薬使用の安全性を保証し，農薬使用を最小限に抑える政策目標を支援するための研究開発プログラムを，DEFRA と共同で管理する
- 農薬管理に対して責任のある，すべての関係省庁および健康安全局との効果的な関係を維持する
- 農薬管理に関する EU の意思決定や，その他の国際的な議論に参加する
- 専門家集団としての中心的役割を担い，農薬およびその管理について助言し，農薬の使用やその効果についての情報を提供する

以上，目的については抽象的である一方，目標については，いくつかの項目に関して達成すべき基準が定められている．そして，業務については，農薬の承認や見直しに関する管理はもちろん，他省庁との関係維持や EU における意思決定の賛同等，PSD が実施する業務内容について決められている．

（3）農薬安全庁に対する統制の仕組み

一方で，DEFRA 大臣（Minister）と PSD チーフ・エグゼクティブとの関係は，PSD のフレームワーク・ドキュメントにおけるアカウンタビリティとして規定されている[3]．ここでは，両者のアカウンタビリティがどのように振り分けられているのかをみていくこととする．まず，DEFRA 大臣のアカウンタビリティについては，次のように述べられている．

　a）DEFRA 大臣

　4.1）大臣は，PSD が実施する政策全般および財政的な枠組みを決定する立場であるが，日常の業務運営については，チーフ・エグゼクティブにその権限を委譲する．

　4.2）大臣は，PSD に対する監督権限（ownership function）をもっている．大臣は，監督委員会（Ownership Board）により，監督権限に関する支援を受け，また PSD のサービス〔DEFRA は PSD のカスタマーとして，PSD から要求されているサービス対価や適切なバリュー・フォア・マネーの提供を確保するための責任を有する〕を委任することができる[4]．

　4.3）緊急の行動が必要とされる例外的な状況において，大臣はチーフ・エグゼクティブにとって適切と思われる指導または指示を発することができる．

続いて，PSD チーフ・エグゼクティブのアカウンタビリティについては，次のように規定されている．

　b）PSD チーフ・エグゼクティブ

　4.4）チーフ・エグゼクティブは，大臣によって一定期間任命され，通常公募で決められる．チーフ・エグゼクティブは，このフレームワーク・ドキュメントの範囲内での PSD の業務運営，業績指標，

業務計画，そして事業計画に対する PSD の達成について大臣に対して直接責任を有する．チーフ・エグゼクティブは，大臣に対して直接アクセスする権利を有している．

4.5）チーフ・エグゼクティブは，公務員（civil servant）の身分を有しているため，公務員としてあるべき行動を遂行し，または行動の是非を決定する一般的なルールを遵守しなければならない．これには，公務員規則（Civil Service Code）または各エージェンシーのチーフ・エグゼクティブに対して与えられる各種行政指導（central guidance）を含む．

DEFRA 大臣と PSD チーフ・エグゼクティブの他，監督委員会，中央政府（Central Departments），議会（Parliament）および会計責任者（Accounting Officers）についても，それぞれのアカウンタビリティにつき，以下のとおり振り分けられている．

まず，DEFRA 大臣のアカウンタビリティの箇所で登場していた監督委員会については次のように規定されている．

c）監督委員会

4.6）DEFRA 以外から選任された 2 名の委員を含む監督委員会の議長および委員は，大臣によって指名を受ける[5]．チーフ・エグゼクティブも監督委員会の委員に含まれる．

4.7）監督委員会の役割は，次の 3 つがあげられる．

- 大臣に助言すること
- 業績指標の達成状況について，大臣に代わって調査すること
- 業績指標の達成状況について，チーフ・エグゼクティブへ助言，支援，援助すること

監督委員会は，次の事項に関して，挑戦的であるものの，実現不可能ではない業績指標を設定するために必要な情報や戦略的助言を提言するも

のとする.

- 業績指標，業務計画，事業計画，年次報告書および財務諸表
- 達成状況および修正計画（corrective action）のために必要な事項

監督委員会は，DEFRA と PSD との間で解決していない事項，大臣・DEFRA または PSD それぞれの重要な未解決問題およびフレームワーク・ドキュメントの解釈についても助言する.

4.8）監督委員会の委員長（Chairman）は，DEFRA と PSD との仲介的役割を主に担う.

次に，中央政府のアカウンタビリティについては，次のとおりである.

d）中央政府

4.9）PSD は，必要に応じて財務省および内閣府（Cabinet Office）等に直接コンタクトすることができる．このことは，監督委員会等の権限を損なうことにはならない．財政問題に関するコンタクトは，通常 DEFRA の財政部局（Department's Finance Group）である．DEFRA と PSD が互恵のある問題について中央政府とやり取りするときは，お互いの情報を共有する.

4.10）チーフ・エグゼクティブは，共同報告（co-ordinated returns）を作成するために必要な情報を迅速かつ適切に DEFRA に提供するものとする．DEFRA は，情報の要求に関して，なるべく道義的な通知をおこなうものとする.

議会へのアカウンタビリティについては，次のとおり述べられている.

e）議会

4.11）大臣は，PSD に関するすべての問題について，議会に対して責任がある．PSD の業務運営につき議題として取り上げたい議員は，チーフ・エグゼクティブに書面で伝えることが望ましい．大臣は，

通常，書面による議会質問（parliamentary questions）等について，書面で回答することをチーフ・エグゼクティブに求めるものとする．議会の質問に対するチーフ・エグゼクティブの回答文書は公表される．

4 .12) チーフ・エグゼクティブは，PSD の業務運営に直接関係することについて大臣に回答する．チーフ・エグゼクティブは，PSD に委任されたすべての問題について，議会質問または議会運営に必要な情報を，大臣に対して提供しなければならない．

　最後に，会計責任者のアカウンタビリティについては，次のように規定されている．

　　f) 会計責任者

4 .13) DEFRA 事務次官（Permanent Secretary）は，主席会計責任者（Principal Accounting Officer）として，高レベルな財務管理を確保するための支出の配分や財務を含め，DEFRA に関する問題について大臣に助言する[6]．DEFRA 事務次官は，PSD に効率的かつ経済的な運営を推進し，また財政の妥当性や規則性を維持するための適切な制度・手続を遵守させなければならない．DEFRA 事務次官は，チーフ・エグゼクティブを PSD の会計責任者（Agency Accounting Officer）として，書面により任命する．

4 .14) チーフ・エグゼクティブは，DEFRA が支出見通し（supply estimates）や流用勘定（appropriation accounts）のために要求する情報の迅速な公表を含めた日常の業務運営に対して責任を有する．チーフ・エグゼクティブは，PSD の達成状況や業務運営について大臣に対して責任を有する．チーフ・エグゼクティブは，会計責任者として PSD の効率的かつ経済的な業務運営を推進し，また財政の妥当性や規則性を維持するために適切な制度・手続を構築する責

任を有する．さらに，政府会計（Government Accounting）ならびに財務省または内閣府によって公表された各種指導（general guidance）の要求を満たすこと，または議会の決算委員会および特別委員会である環境食糧農村地域委員会（Environment, Food and Rural Affairs Committee）等によって承認された勧告を受け入れる責任をもつ．

（4）アカウンタビリティの分担

　これまでの議論から，主務大臣とチーフ・エグゼクティブとのアカウンタビリティの分担をみてみると，次のように整理できる（図4‐2）．主務大臣は政策全般を決定する一方，公募で選ばれたチーフ・エグゼクティブに権限を委譲する．ただし，主務大臣はチーフ・エグゼクティブに対する監督権限をもっており，緊急の場合にはチーフ・エグゼクティブに指導や指示を与えることができる．また主務大臣は，エージェンシー内にある監督委員会からの支援を受ける．これに対して，チーフ・エグゼクティブはフレームワーク・ドキュメントの範囲内で責任を負い，エージェンシーの業績指標だけでなく，業務計画や事業計画においても目標の達成を目指す．またチーフ・エグゼクティブは，公務員の身分を有することから，公務員としてあるべき行動を遂行するための一般的なルールを遵守しなければならない．

　主務大臣とチーフ・エグゼクティブ以外の分担は，次のようになっている．まず，監督委員会は，主務大臣に対する助言機能だけでなく，株式会社の取締役会に近い機能をもっている．監督委員会は，目標の達成を判断する材料となる業績指標，業務計画，事業計画，年次報告書，財務諸表等に関する情報や戦略を提供する．また監督委員会は，主務官庁とエージェンシー間で解決されていない問題，監督委員会に諮問された重要な未解決問題，そしてフレームワーク・ドキュメントの解釈に関して助言する．

　中央政府内では，必要に応じて直接かつ公式にエージェンシーから財務省や内閣府に連絡を取ることができる．財政問題に関する連絡は，通常，主務官庁

第4章 「エージェンシー化」の日英比較　99

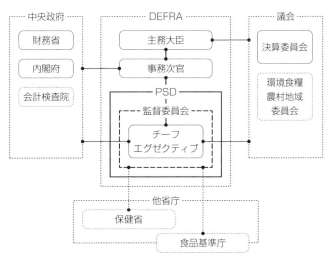

実線：直接的関係（原則フレームワーク・ドキュメントに記載されているもの）
破線：間接的関係（人的交流などで関係があるもの）

図4-2　農薬安全庁のアカウンタビリティ分担

注：会計検査院，環境食糧農村地域委員会，保健省および食品基準庁は，DEFRAからの説明によりアカウンタビリティの関係を確認したものである．
出典：PSDのフレームワーク・ドキュメントおよびDEFRAから説明を受けた内容をもとに筆者作成．

の財政部局であるものの，主務官庁とエージェンシーが互恵のある問題に関して中央政府と交渉するときには，お互いの情報を共有する．なお，公的部門の監査については，会計検査院（National Audit Office）が権限をもち，各種活動をおこなっている．

　議会に対しては，主務大臣がすべての問題に関して責任を有する．チーフ・エグゼクティブは，そのために必要な情報を提供する義務があり，議会から書面で質問を受けたものについて，書面で回答しなければならない．この回答文書は公表される．

　最後に，会計責任者についてである．主務官庁の事務次官は，主席会計責任者として高レベルな財務管理を確保すべく主務大臣に助言するとともに，チーフ・エグゼクティブを会計責任者として任命する．任命を受けたチーフ・エグ

ゼクティブは,財政の効率的・経済的な運営を推進し,公的資金に関する制度や手続きを遵守しなければならない.またチーフ・エグゼクティブは,財務省・内閣府の各種指導および議会の委員会による勧告にも応えなければならない.

2. 農薬検査所

(1) 農薬検査所の概要

　日本の農薬検査所は,2001年4月に国家公務員としての身分が与えられる公務員型の独立行政法人（特定独立行政法人）として設立され,農薬の品質適正化のための登録検査や安全使用の指導・取締等の業務をおこなっている.

　そもそも,農薬検査所は,1947年に農林省農薬検査所として設立されたものであり,その機能は戦後まで遡る.戦後の復興期は,食糧の増産が急務であった一方で,不良農薬の出回りにより農家に損害が発生していた.そのため,不正・粗悪な農薬の出回りを防止し,農薬の品質を保持・向上させるべく,1948年に制定された農薬取締法にもとづき,農薬登録制度が開始されたものである.これにより,製造業者や輸入業者は,その製造・加工または輸入した農薬について,農林水産大臣の登録を受けなければ販売してはならないこととなっている[7].ただし,同法は,農耕地で生産され,市場に出回る農作物に用いる農薬を対象としており,市場に出回らない農作物や非農耕地（公園,外路地等）で作られた農作物に対して使用する農薬は対象外である.

　農薬検査所は,理事・監事といった役員のもとに,各々の部門が部課として分かれている.農薬の登録検査や優良試験所規範（Good Laboratory Practice）の査察をおこなう各課に対しては検査部が統括している.しかし,財務会計等の総務的な課は,特段,部が設けられていない（図4‐3）.

　先に述べたように独立行政法人制度は,独立行政法人の共通の事項を定める通則法と,個別の設置法とで構成されている.個別設置法は,通則法にもとづき,各独立行政法人の名称,目的,業務の範囲等に関する事項を定めている

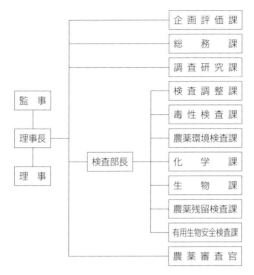

図4-3　農薬検査所組織図
出典：農薬検査所から入手した説明資料．

（通則法では，これらの事項を「個別法で定める」と規定）．この意味において個別設置法は，株式会社の定款のようなものである．

農薬検査所の目的および業務の範囲につき，個別設置法である独立行政法人農薬検査所法（1999年法律第187号）では，次のように規定されている．

- 農薬の検査をおこなうことにより，農薬の品質の適正化およびその安全性の確保を図る

業務の範囲については，次のとおり規定されている．

- 農薬の検査をおこなう
- 農薬取締法による集取および立入検査をおこなう

業務の範囲についてもう少し詳しくみてみる．農薬検査所の業務としては，主に次の2つがあげられる（図4-4）．

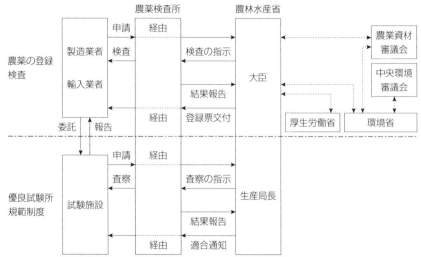

破線：毒物・劇物の評価指定（厚生労働省），登録保留基準の設定（環境省）等，農林水産省と間接的な関係にあるもの．

図4-4　農薬検査所の業務運営

出典：農薬検査所パンフレットおよび農薬検査所から説明を受けた内容をもとに筆者作成．

① 農薬の登録検査

　　農薬の登録申請は，製造業者または輸入業者から農薬検査所を経由して農林水産大臣に提出される．農林水産大臣は，農薬検査所に対して登録申請を受けた農薬について，製造業者または輸入業者から提出された試験成績等の検査を指示する．農薬検査所は，農林水産大臣の指示にもとづき各種の試験成績資料を審査するとともに，見本品を検査する．農薬検査所は，検査結果を農林水産大臣に報告する．農林水産大臣は，効果性，品質性および安全性の面で問題のない農薬に対して登録票を交付する．

② 優良試験所規範制度

　　優良試験所規範制度は，農薬試験成績の信頼性を確保するための農薬試験施設に対する査察制度である．優良試験所規範は，農薬試験の適正実施に関する基準であり，諸外国と同様，日本では医薬，化学物質お

よび動物用医薬品等の信頼性を確保するべく，この制度を導入してい
る．

　農薬については，1987年，毒性試験成績に優良試験所規範制度が導入
されたのが最初である．この適合確認申請は，試験施設から農薬検査所
を経由して農林水産省（生産局長）に提出され，農林水産省は，農薬検
査所に対して当該施設について査察を指示する．農薬検査所は，農林水
産省の指示にもとづき，試験施設の設備，機器，試験操作，記録および
保管に対する査察を実施する．農薬検査所は，査察結果を農林水産省に
報告する．農林水産省は，優良試験所規範として満たしている試験施設
に対して適合通知を与える．

（2）農薬検査所に対する評価の仕組み

　農薬検査所の場合は，中期目標の期間が5年であり，業務運営の効率化に関
する事項，国民に対して提供するサービスおよびその他の業務の質の向上に関
する事項，そして財務内容の改善に関する事項等の中期目標が定められた後，
それぞれに対応してとるべき措置を明確にした中期計画が策定されている（表
4‒1）．

　ここで，もう一度，通則法における評価の枠組みを敷衍する．中期目標や中
期計画等にもとづく業務運営をみていくと，独立行政法人に対する主務大臣の
関与事項が多いことがわかる．まず，主務大臣が3年以上5年以下の目標期間
を定め，中期目標を策定する（通則法第29条．以下，「通則法」は省略）．独立行政
法人は，これを受けて中期目標を達成するための措置を盛り込んだ中期計画を
作成し，主務大臣の認可を受ける（第30条）．独立行政法人は，中期計画にもと
づき，事業年度毎に年度計画を作成し，主務大臣に対して届出をおこなう（第
31条）．ちなみに，主務大臣が独立行政法人の業務方法書や中期計画を認可，
あるいは中期目標を策定しようとするときは，あらかじめ府省委員会（農林水
産省独立行政法人評価委員会）の意見を聴かなければならない（第28-30条）．

表4-1 農薬検査所の中期目標と中期計画において定められている事項

中期目標		中期計画	
第1	中期目標の期間	第1	業務運営の効率化に関する目標を達成するためにとるべき措置
第2	業務運営の効率化に関する事項	第2	国民に対して提供するサービスその他の業務の質の向上に関する目標を達成するためにとるべき措置
第3	国民に対して提供するサービスその他の業務の質の向上に関する事項	第3	予算，収支計画及び資金計画
第4	財務内容の改善に関する事項	第4	短期借入金の限度額
	―	第5	剰余金の使途
	―	第6	その他農林水産省令で定める業務運営に関する事項

出典：農薬検査所の中期目標および中期計画から筆者作成.

　独立行政法人は，中期目標および年度計画に係る業務の実績について府省委員会の評価を受ける必要があり，いずれの場合も総務省に置かれる審議会（政独委員会）に評価結果が通知される（第32および34条）[8]．そして主務大臣は，これらの評価を踏まえて，中期目標期間の終了時に独立行政法人の業務を継続させる必要性，組織のあり方等につき検討をおこない，次期の業務・組織運営等に反映すべく所要の措置を講ずることとされている．その際，主務大臣は府省委員会の意見を聴くことが求められており，また政独委員会は事務や事業の改廃につき，主務大臣に対して勧告することができる（第35条）．以上をまとめると図4-5のとおりである．

　その他，役員の任命・解任や財務諸表等が主務大臣の関与の対象となっており，通則法に規定されている事項は次のとおりである．

　① 役員の任命（第20条）

　② 役員の解任（第23条）

　③ 中期目標の設定（第29条）

　④ 中期計画の認可（第30条）

第4章 「エージェンシー化」の日英比較　105

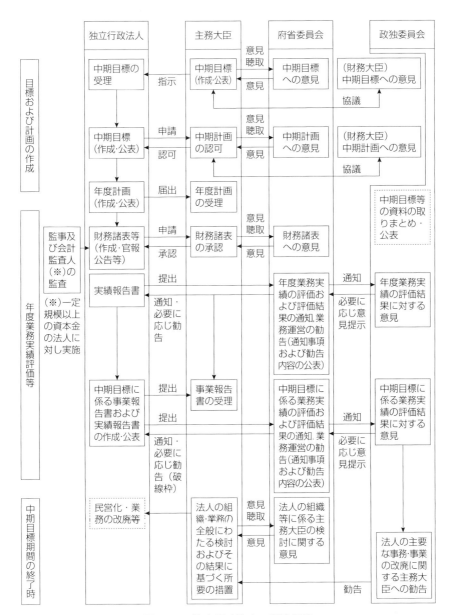

図4-5　独立行政法人の業務運営

出典：行政管理研究センター編 [2001：256]. ただし，筆者が一部加筆・修正.

⑤ 年度計画の届出（第31条）

⑥ 中期目標の期間終了時の検討とその結果にもとづく所要の措置（第35条）

⑦ 財務諸表の承認（第38条）

⑧ 中期計画上の限度あるいは年度を越える短期借入金の認可（第45条）

⑨ 中期計画外の重要財産処分等の認可（第48条）

⑩ 会計規程の届出（第49条）

⑪ 独立行政法人の給与の基準等に関する届出（第52条，第57条，第58条，第63条）

⑫ 報告および検査（第64条）

⑬ 違法行為等の是正要求（第65条）

　関与の程度については，任命・認可といった関与の程度が強いものから，届出といった関与の程度が弱いものまで様々である．基本的な考え方としては，役員の任命や中期目標の認可といった，今後の業務運営の基本となる事項については主務大臣の関与の程度が強いことがわかる．

┼ 3．統制制度の比較と検証

　ここまではPSDと農薬検査所を事例として，統制に対する制度設計の視点からそれぞれの制度を整理してきた．本節では，この整理によって明らかになったことを以下で比較する．

（1）農薬安全庁と農薬検査所の統制の特徴

　PSDのフレームワーク・ドキュメントで重要な点は，日常的な運営管理をどの程度PSDに委ねているのかということである．主務大臣は，基本的にチーフ・エグゼクティブに対して業務運営の権限を委譲しており，監督権限を有

しているものの，指導や指示については例外的にしか認められていない．その
かわり，PSD に対するアカウンタビリティの要請は高く，それが PSD のフレ
ームワーク・ドキュメントにも反映されている．ここから，エージェンシーは
大枠で主務大臣が設定した枠組みに従うこと，また主務大臣がエージェンシー
をモニタリングすることを通じて，主務官庁は伝統的な大臣責任制を維持しよ
うとしていると整理できる [柴 1994：10].

　また PSD は，議会に対するアカウンタビリティを一定程度，課せられてい
る点が重要である．これは，議会がエージェンシーのアカウンタビリティ確保
を強く求めた結果，行政内部の監査や検査とは別に，議会が独自の監視機構を
もつに至ったものである．ここから，議会もエージェンシーの評価について一
定の責任をもつといえる．

　その他，PSD は内部組織である監督委員会に対してもアカウンタビリティ
を果たさなければならない．監督委員会は主務大臣に報告義務があり，PSD
は監督委員会のアカウンタビリティによって間接的な統制を受ける．評価につ
いては，PSD のフレームワーク・ドキュメント上，DEFRA や中央政府内に
PSD の評価を専門におこなう機関は存在しないものの，内閣府や会計検査院
等の機関が PSD のアカウンタビリティ確保に関与している．

　第1章で述べたように，アカウンタビリティはエージェンシーに対して積極
的に裁量を認めるかわりに，同時に客観的な基準を満足させるだけの成果を求
めている．しかも，アカウンタビリティを確保するための統制手法は，判断基
準や手続きの客観性を図るため統制として公式化される傾向にあり，PSD の
フレームワーク・ドキュメントは，NPM と統制の分析結果に符合しているこ
とがわかる．

　一方，農薬検査所は通則法によって公式化された主務大臣の統制制度が見受
けられる．まず，中期目標は主務大臣が決定権をもち，これに対する農薬検査
所の意見を反映する方途は特段規定されていない．次に，中期計画については，
農薬検査所が決定権をもっているが，すでに主務大臣で策定されている中期目

標に準じたものである上，主務大臣の認可が必要となる．そして，農薬検査所が定める年度計画は，主務大臣に対する届出で済むようになっているものの，この段階では，主務大臣によってすでに定められた中期目標や認可を受けた中期計画によって枠づけられた後である．

確かに，中央省庁等改革基本法では，主務大臣が独立行政法人に対して監督その他の関与をおこなうことができる事項を法令で定めるものに限定している．同様に，通則法第３条では「この法律及び個別法の運用に当たっては，独立行政法人の業務運営における自主性は，十分配慮されなければならない」と規定されている．ここから，独立行政法人の自主性を認めるという独立行政法人制度の趣旨に沿って，統制が緩和されているように見受けられる．

しかしながら，独立行政法人が主務大臣主導で定められた中期目標，中期計画，そして年度計画に従って業務を実施するという制度をみる限り，独立行政法人の裁量は限定的である．むしろ，通則法による主務大臣の関与事項は多岐にわたっている．また，通則法の他に，個別法や関連法にて主務大臣の関与に係る規定を設けることは必ずしも排除されていない［岡本 2001：26］．この意味では，独立行政法人が規定を超えた統制を受け，独立行政法人の執行段階における柔軟な裁量を困難にさせる可能性は否定できない．独立行政法人の中期目標，中期計画，年度計画の仕組みは，一貫して行政の効率化の目標を実現するために設けられたものである．この方向性のもとでは主務大臣が許容する限りの自主性ということにならざるを得ない［晴山 2000：8］．

もちろん，効率化を図るため，主務大臣から明確な目標が指示されることはエージェンシー化の目的に沿ったものである．また，「中央省庁等の改革の推進に関する方針」では，その内容について，各独立行政法人の業務の内容，性格に応じた目標の設定となるよう，特に配慮するものとされている．しかし，独立行政法人制度の導入が目的とする効率性とは，必ずしも経済的な効率性という見地に限定されるものでなく，事業の目的をより合理的に達成し得るシステムを導入するところにその本質がある［藤田 1999b：119-120］．

府省委員会および政独委員会については，そもそも主務大臣の業務運営のもとに置かれていた業務に対して，第三者（外部有識者）による評価システムを導入することにより，主務大臣の管理権を抑制しようとするものである．だが一方では，これらの組織は，独立行政法人の見直しに関して影響をもっていることに留意する必要がある．特に，政独委員会は総務省に設置されていることから，独立行政法人にとっては，新たな答責関係が構築されることになる．このことは，独立行政法人のアカウンタビリティ確保のための新たな統制制度とみなすことができる．

（2）統制の制度設計の比較と変容

これまでの検証を踏まえ，表4-2のようにPSDと農薬検査所の制度を比較することで，エージェンシー化の制度設計における統制の異同を提示できる．

まず，PSDは法的な枠組みが存在しておらず，フレームワーク・ドキュメントにもとづき業務運営されている．他方，農薬検査所は通則法によって多岐にわたる認可・届出等の事項が規定されており，PSDと比べてより公式的な統制を受けているといえる．届出は，行政機関の制約としては最も軽微なものであるものの，届出をしなければできない行為のものがかなりある［上田・笠井 2001：92］．そのため，届出を受ける側の裁量に委ねられている状況は決して例外的でない［宇賀 1995：27］．このような効果をもった届出は実際上，認可に近いものと考えられる．また，重要なこととして，農薬検査所は中期目標や中期計画の存在が大きい．PSDにも業務計画や事業計画等，中期計画や年度計画と同様のものが存在するが，農薬検査所はこれらの作成に係る直接的な権限がない．この意味において，独立行政法人は，中期目標による目標設定，目標達成のためのインセンティブやサンクションの提供，そして日常的な報告を通じて統制を受けているという指摘は妥当なものである［榊原 2001：23］．

評価機関について，PSDはDEFRAの内部組織であり，「行政評価・監視」制度をもたない．一方で，農薬検査所は国会に対する直接的なアカウンタビリ

表 4 - 2 農薬安全庁と農薬検査所の制度比較

	農薬安全庁（PSD）	農薬検査所
法 的 枠 組	なし	独立行政法人通則法
任 務・目 的	フレームワーク・ドキュメントに記載	独立行政法人農薬検査所法
中 期 目 標	フレームワーク・ドキュメントに記載（注）	農林水産大臣が設定
中 期 計 画	業務計画に相当（注）	農薬検査所が作成し農林水産大臣が認可
年 度 計 画	事業計画に相当（注）	農薬検査所が作成し農林水産大臣に届出
評 価 機 関	内閣府	• 府省委員会（農林水産省　独立行政法人評価委員会） • 政独委員会（総務省　政策評価・独立行政法人評価委員会）
	会計検査院	会計検査院
	—	行政評価・監視
	議会（決算委員会，環境食糧農村地域委員会）	—

注：フレームワーク・ドキュメントに記載された目標は，業務計画および事業計画において，より具体的な形で記載．
出典：岡本［2001：74］，高崎・渡辺［2000：31］を参考に筆者作成．

ティがない．ただし，政府の財政については，予算が国会の議決にもとづいて処理されるため，納税者の代表機関である国会が政府諸機関の活動を統制する規範とされている［西尾 2001：324］．ここから，独立行政法人は国会に対するアカウンタビリティがないとも言い難い．少なくとも独立行政法人の長は，国会の参考人として，独立行政法人の日常的な業務運営に係る事項につき答責を負っている［岡本 2001：12］．

　以上，事例研究から明らかになった相違点を述べてきたが，エージェンシー化による統制の変容については，PSD，農薬検査所ともに次の 3 点の結果が得られた．

　第 1 は，エージェンシー化により執行機関が分離していないときと比べて，目標設定・計画策定の自由度が小さくなっていることである．その理由は，目標や計画を達成することを志向するあまり，エージェンシー化本来の目的達成が困難になる可能性をもっているからである．これについては，英国のエージ

ェンシーの場合，議会に目をつけられない程度の小さなプロジェクトしか採用されないため，ダイナミックな運営管理ができなくなり，その結果，主務大臣に報告することが目的化し，フレームワーク・ドキュメントの信頼性を損なっているとの見解がある[9]．また日本の独立行政法人の場合には，認可や届出により主務大臣が関与するため，目標を設定したり計画を策定したりする裁量の余地が小さくなっているといえる．

　第2は，中期目標，中期計画，年度計画等，目標・計画に関する資料を作成する事務作業自体が，エージェンシー化によるコストの追加的発生となることである．主務大臣は，エージェンシーや独立行政法人が目標・計画に沿って業務運営されているか，また成果を出しているかを把握する必要があり，規準に従った公式な報告を求められる．これらのトランザクション的なコストは，コンプライアンス・コスト（compliance costs）といわれるものである．これは，公的部門ではほとんど注目されていない「目にみえない」コストである［Hood et al. 1999：26］．言い換えれば，エージェンシー化が進むほど，政策の一貫性や一体性を確保する目的から統制は強化され，それに従うためのコンプライアンス・コストが増大することになる．

　第3は，エージェンシー化が答責相手の多元化をもたらすことである．エージェンシー化される前は，行政機関内の一部署であったため，答責のラインは原則として主務大臣一本であった．しかしエージェンシー化により，エージェンシーでは中央政府や議会，また独立行政法人については府省委員会や政独委員会といった多元的な答責関係が構築される．

　そして，これらによって，第1章におけるリレーショナル・ディスタンスの概念で示されたような政府部内における統制の余地が出てくる．このリレーショナル・ディスタンスの拡大にともなう統制の制度化は，エージェンシー化で重要な要素とされていたはずの「管理の自由」を喪失させ，アカウンタビリティ確保の結果として，政府部内の統制強化に向かう．換言すれば，エージェンシー化は，政府部内の行動様式の変化を期待したものであるが，その本旨であ

る「管理の自由」は，多元的かつ公式的な統制を要請する方向に向かうジレンマをもつのである．

　以上のことから，エージェンシー化は必ずしも「管理の自由」を与えるものではなく，フレームワーク・ドキュメントや通則法を通じて，統制が強化されているとするのが本章の結論である．

注

1 ）　PSD は，組織の改編により，2009年 4 月から健康安全局（Health and Safety Executive）傘下の化学物質規制委員会（Chemicals Regulation Directorate）として活動している．参照，内閣府食品安全委員会ホームページ（http://www.fsc.go.jp/fsciis/foodSafetyMaterial/show/syu02850880333，2018年 7 月28日閲覧）．また，農薬検査所は，2007年に農林水産消費技術センターと肥飼料検査所が統合し，農林水産消費安全技術センターに改組した．参照，農林水産消費安全技術センターホームページ（http://www.famic.go.jp/information/history.html，2018年 7 月28日閲覧）．

2 ）　規定の番号は PSD のフレームワーク・ドキュメントの番号と同一である．

3 ）　英国では 2 種類の大臣が存在する．日本の大臣に相当するのが閣僚大臣（Secretary of State）であり，閣議に出席するメンバーである．他方，複数の閣外大臣（Minister of State）がおり，首相の要請があるときのみ閣議に参加している［下條 1999：5 ］．

4 ）　括弧〔　〕は同フレームワーク・ドキュメントの7.1「省庁カスタマーに対するサービス規定（Provision of Services to Departmental Customers）」から引用している．

5 ）　保健省（Department of Health）および食品基準庁（Food Standards Agency）が監督委員会に関わっている．食品基準庁は，政府からは一定の距離を置いた独立性を持つ公的機関（NDPB）として分類されており，省庁とは異なるものである．そのため，図 4 - 2 では，食品基準庁を他省庁の枠線上に示すこととした．なお，NDPB には，前記の非省庁型の他，国営産業（Nationalized Industries），公企業（Public Corporations），国民健康サービス機関（National Health Service Body）がある［三菱UFJ リサーチ＆コンサルティング 2007a：7 ］．

6 ）　一般公務員は，事務次官の下に第二事務次官（Second Permanent Secretary），次官代理・局長（Deputy Secretary），次官補（Under-Secretary），参事官・課長（Assistant Secretary）および課長補佐・主査（Principal Secretary）を配置している［下條 1999：11］．

7 ）　農薬取締法による農薬とは，樹木および農林産物（玄米，伐採木等）を含む農作物を害する菌，線虫，ダニ，昆虫，ねずみその他の動植物またはウィルスの防除に用い

られる殺菌剤，殺虫剤，その他の薬剤（防草剤，誘因剤，忌避剤，展着剤等）および農作物などの生理機能の増進または抑制に用いられる成長促進剤，発芽抑制剤その他の薬剤と定義されている．また，ここでいう「登録」とは，一定の事項を公式の帳簿に記載して保存し，またその事項を公に表示することとされている［松中 2000：9-10］．

8）　政独委員会が2002年11月に発表した「平成13年度における独立行政法人の業務の実績に関する評価の結果についての第1次意見」における農薬検査所に関する意見については，内閣官房行政改革推進本部事務局ホームページ（https://www.gyoukaku.go.jp/sanyo/dai7/7siryou2-4.pdf，2018年7月28日閲覧）を参照．

　　なお，第3章で取り上げた「平成13年度における独立行政法人の業務の実績に関する評価の結果についての第2次意見」では，府省委員会が今後おこなう評価の，いわば共通の「評価活動準則」に当るものとして，前記の「第1次意見」で指摘した事項を加味して取りまとめられた．

9）　筆者が，2002年9月16日に英国のオックスフォード大学オール・ソウルズ・カレッジ（All Souls College）を訪問し，Christopher Hood 氏にインタビューをおこなった内容にもとづく．本章の内容に関連した洞察に関しては，同氏から示唆に富む有益な知見を得た．

第5章 独立行政法人制度の実際の運用

　これまで，「エージェンシー化」にともなう日英の統制の制度設計について，事例研究を含めて考察してきたが，本章以降では，独立行政法人制度の実際の展開について分析をおこなう．

　既述のとおり，制度設計時の独立行政法人評価は，まず府省委員会が評価を実施し，政独委員会が「評価の評価」をおこなう．政独委員会が客観的・中立的な立場から府省委員会の評価の分析をおこない，必要に応じて意見を述べることにより，府省委員会のお手盛りを排し，独立行政法人評価の適正性を確保することが目的となっているためである．また，府省委員会および政独委員会といった評価機関が，企画立案部門と執行部門の意思疎通・意見交換を促すとしている．

　この一連の評価サイクルは，独立行政法人の効率性や有用性に対する議論を高めることに資するものであるが，その一方，導入や運用方法次第では，これを低下させる要因ともなりかねない「諸刃の剣」としての性格をもっている［宮脇・梶川 2001：42］．企画立案部門と執行部門を分離することにより，目標や計画に沿って実施したかどうかの評価が必要となるものの，その評価を行政における管理統制の仕組みと考えれば，統制機関が行政内部に質量ともに増大する傾向があると考えられているからである［Hood *et al.*：1999：古川・北大路 2004：158］．

　そこで，本章では独立行政法人の評価システムに焦点を当てて，独立行政法人制度の実際の運用を論じる．

─ 1. 独立行政法人評価の実際の枠組み

（1）独立行政法人評価の考え方

　すでに述べたとおり，独立行政法人に対する年度業務実績評価については，① 府省委員会が評価を実施し，その結果を独立行政法人および政独委員会に通知するとともに，必要に応じて独立行政法人に対して業務運営の改善等の勧告をおこなうことができ，② 政独委員会は，この評価の結果について必要があると認める場合，府省委員会に対して意見を述べることができる，という仕組みになっている．府省委員会による最初の年度業務実績評価の実施にともない，2002年3月に政独委員会は，「政策評価・独立行政法人評価委員会における独立行政法人評価に関する運営について」を発表した[1]．ここでは，中期目標期間終了時の取組みの方針を別途検討することとしているものの，政独委員会は，評価の実施状況の把握とあわせて，以下の事項について注視・把握し，通則法第35条にもとづく勧告の検討に資するとしている．

〈1〉府省委員会が評価をおこなった結果，必要があると認めるときに，独立行政法人に対しておこなうことができる業務運営の改善その他の勧告について，その実施に係る状況と，それにもとづく措置に係る状況

〈2〉府省委員会が，中期目標期間終了の前年度等の評価においておこなう，次期中期目標の策定等についての検討の実施状況

〈3〉主務大臣が，独立行政法人の中期目標期間の終了時において，当該法人の業務を継続させる必要性，組織のあり方その他その組織および業務の全般にわたる検討をおこない，その結果にもとづき，所要の措置を講ずる場合にあって，その検討に際しておこなう府省委員会の意見聴取および当該委員会の審議・答申等の状況

〈4〉府省委員会の評価結果を踏まえ，主務大臣が中期目標を，または独立行政法人が中期計画を，それぞれ一層適切なものとするとの観点から見直し，変更をおこなう場合にあって，当該大臣が，その変更または変更の認可に際しておこなう府省委員会の意見聴取および当該委員会の審議・答申等の状況

　このように，中期目標期間の終了時における政独委員会の勧告は，府省委員会の意見に対する独立行政法人の取組みや，府省委員会の審議・答申等の状況を踏まえて検討される．これらの事項は，通則法の文脈の範囲内と解される一方，上記〈2〉のように，中期目標期間最終年度の前年度の評価時において，次期中期目標の策定についての検討状況を踏まえることとあり，前広に見直しが必要としている．この「前広に」が，独立行政法人評価において重要な意味をもつことになる．

（2）政策評価・独立行政法人評価委員会の勧告の方針

　まず，2003年7月に取りまとめられた「独立行政法人の主要な事務及び事業の改廃に関する勧告の取組の方針」は，政独委員会の勧告が各年度および中期目標期間の業務実績評価に関する政独委員会の意見とは異なるものと位置づけている．すなわち，この勧告は，府省委員会による一次的な判断を前提に政独委員会が二次的な判断をおこなうという性格のものではなく，独立行政法人の主要な事務・事業の改廃に関し，政独委員会が自ら直接判断をおこなうという性格のものであるとしている

　次に勧告の時期については，見直すべき組織形態や業務内容が，新たな中期目標のもとで長期間にわたって，そのままの形で存続することとならないように，政独委員会が勧告をおこなう場合には，原則として，遅くとも新たな中期目標期間の2年度目には勧告の内容を具体化すべく，前の中期目標期間の終了後，できるだけ速やかにおこなうこととなっている．しかし，実際には，前章

表 5 - 1　独立行政法人の事務・事業について想定される具体的措置例

1	事務・事業の廃止
2	民間または地方への移管
3	事務・事業に関する制度的独占の廃止
4	自主財源や受託による事務・事業への移行または事務・事業に係る補助金等の依存度のさらなる縮減
5	他の独立行政法人または国への移管
6	事務・事業の一部または全部の民間委託，その範囲の拡大
7	事務・事業の戦略化・重点化または整理縮小
8	事務・事業の運営の合理化・適正化
9	市場化テスト（事務・事業について，民間その他の組織からの入札を募集し，独立行政法人が実施するよりも当該組織が実施した方がコストと品質の面で優れていれば当該組織に委託するというもの）

出典：「独立行政法人の主要な事務及び事業の改廃に関する勧告の取組の方針」(http://www.soumu.go.jp/menu_news/s-news/daijinkanbou/030701_3.pdf，2018年 7 月30日閲覧）より筆者作成.

の「平成13年度における独立行政法人の業務の実績に関する評価の結果についての第 2 次意見」において，年度業務実績評価の際に，業務のあり方等の方向を明確にする評価を実施し，中期目標期間の終了時における勧告に向けて，政独委員会が改廃の必要性を直接検討すべき事務・事業を見出した場合，年度業務実績評価に対する意見とあわせて，その旨の指摘をおこなうこととしている．特に，中期目標期間の最終年度に実施する年度業務実績の評価，すなわち，中期目標期間の最終年度の前年度に係る業務実績評価の結果について，政独委員会が意見を述べる場合には，改善の方向性や改善の鍵となる事務・事業を見出した旨の指摘を可能な限り具体的におこなうものとしている．このように，できるだけ「前広に」実施することが方針として明確化されている．

　また，勧告における具体的措置については，表 5 - 1 のとおり，様々な方策が提示されている．これらの措置を検討する際には，政府が決定した関連する方針を踏まえるようになっていることに留意する必要がある．

（3）独立行政法人の見直しの時期

独立行政法人の中期目標期間終了時の見直し時期については，2003年8月に閣議決定された「中期目標期間終了時における独立行政法人の組織・業務全般の見直しについて」が基礎となっている[2]．この閣議決定の理由は，1999年の通則法成立の際に，「内閣法の一部を改正する法律案等中央省庁等改革関連17法律案に対する附帯決議」（1999年6月9日衆議院行政改革に関する特別委員会，1999年7月8日参議院行財政改革・税制等に関する特別委員会）において，① 中期計画期間の終了時に主務大臣がおこなう独立行政法人の組織・業務全般の見直しに当たり，政府はそのための客観的な基準を2004年3月までに検討し，② 独立行政法人の存廃や民営化はこの基準を踏まえて決定することが附帯決議されたからである．この背景には，特殊法人において組織・業務の自己増殖や不要不急な業務の拡張といった問題点が指摘されており，中期目標期間終了時の組織・業務の見直しが廃止や民営化等の大胆な改革のステップになり得るものでなければならないと考えられたことによる［石上 2001：62］．

「中期目標期間終了時における独立行政法人の組織・業務全般の見直しについて」では，「独立行政法人の主要な事務及び事業の改廃に関する勧告の取組の方針」で定められた事務・事業の改廃に関する具体的措置に加えて，新たに組織形態に関する見直しの具体的措置が決定された．前者の具体的措置には，事務・事業の廃止や整理縮小は勿論，市場化テスト等も含まれている．後者のそれについては，廃止，民営化，そして非公務員化の基準が示されている．もともと，事務・事業の改廃は見直しの基本的な視点であったが，実際，組織の存廃に見直しの力点が置かれた方策が含まれており，見直しの際に検討される選択肢が増えていることを意味している．「民間にできることは民間にゆだねる」という観点から，独立行政法人の組織・業務全般について極力縮小する方向で見直すことが念頭に置かれていたからである．

また，この見直しにおける特徴は，具体的措置について，以下のとおり定められていることである．

〈1〉 業務の大部分または主たる業務が廃止され，また民間その他の運営主体に移管された独立行政法人について，当該法人を廃止した場合にどのような問題が生じるのかを具体的かつ明確に説明できない場合には，当該法人を廃止する

〈2〉 業務の採算性が高く，かつ国の関与に必要性が乏しい法人，企業的経営による方が業務をより効率的に継続実施できる法人または民間でも同種の業務の実施が可能な独立行政法人について，当該法人を民営化した場合にどのような問題が生じるのかを具体的かつ明確に説明できない場合には，当該法人を民営化する

〈3〉 特定（公務員型）独立行政法人について，その業務を国家公務員の身分を有しない者が担う場合にどのような問題が生じるのかを具体的かつ明確に説明できない場合，当該法人を特定独立行政法人以外（非公務員型）の独立行政法人とする

このように，廃止，民営化，非公務員型への移行のいずれの場合にも，「どのような問題が生じるのかを具体的かつ明確に説明できない場合」には，それぞれの措置をとるとしている．つまり，推進する側（政府）が立証する責任を負うのではなく，反対する側（主務大臣や独立行政法人）にその責任を負わせようとしているのである［桜井 2004：313］．

さらに重要なこととして，この見直しでは，次期中期目標期間の開始時から独立行政法人が見直し結果を反映して業務を実施するために，次のとおり，次期中期目標期間の開始年度に係る国の予算編成に間に合うタイミングでのスケジュールが明らかになった．

〈1〉 政独委員会は，見直しの視点等，具体的な検討に資するチェック事項を「勧告の取組方針」として概算要求前に作成する

〈2〉 見直し結果を次期中期目標期間の開始年度における国の予算に反映させるため，以下の手続を実施する

ア）主務大臣は，勧告の取組方針を踏まえて，事務・事業の改廃や組織形態の見直しを含む具体的措置を盛り込んだ見直し当初案を作成し，予算を概算要求する

イ）政独委員会は，「勧告の方向性」という形で指摘事項を取りまとめ，主務大臣に通知する[3]

ウ）主務大臣は，政府原案確定までに再検討した見直し内容を行政改革推進本部に説明し，その了解を得て，見直し内容を実質的に決定する

（行政改革推進本部は，了解する際に，政独委員会の意見を聴取する）

〈3〉主務大臣は，実質的に決定した見直し内容を踏まえ，中期目標（独立行政法人は中期計画）を策定し，必要があれば国会に法律案を提出する

〈4〉主務大臣は，これまでの決定や必要に応じておこなわれる政独委員会の勧告を踏まえて，見直し内容を正式に決定する[4]

（4）教員研修センターの見直し

　この「中期目標期間終了時における独立行政法人の組織・業務全般の見直しについて」で示された内容に沿って，初めて見直しが実施されたのが教員研修センターであった[5]．教員研修センターは，これまで文部科学省の初等中等教育局，スポーツ・青少年局，大臣官房人事課，会計課等でそれぞれおこなっていたさまざまな研修を一箇所にまとめて，総合的・一元的に効率よく実施する組織として，2001年4月に非公務員型の独立行政法人として設立された[6]．

　教員研修センターの業務は，大きく3つにわけられる．第1には，地方において学校教育に携わるリーダーとなる校長等教職員に対する研修の実施である．公立の小・中学校，高等学校の任命権者は都道府県であり，第一義的な権限と責任は都道府県にあるものの，それぞれがおこなう研修は，その内容等に濃淡があることから，教員研修センターが一括して研修を実施している．第2には，例えば，コンピューターを授業で使える教員や英語を話せる教員の養成等，喫

緊の教育課題への対応が可能な人材の育成である．そして，第3には，道徳教育や人権教育等，全国的な見地から実施が必要であるものの，自治体等のみでは受講生の確保が困難な研修の実施である．

　上記の事業に即した個々の業務については，政独委員会等において見直しの議論がなされているが，ここでは議論の根拠になる事象についてのみ言及するにとどめておく．

　まず，主務大臣は，見直し案を作成の上，教員研修センターの予算を含めた概算要求を2003年8月31日までに提出した．11月13日，政独委員会は，真に担うべき事務・事業に特化・集中することを柱とする勧告の方向性を主務大臣に示した[7]．12月24日に主務大臣は，勧告の方向性を踏まえた見直し案を提出し，行政改革推進本部は当該見直し案に関する政独委員会の意見を聴取した上で，これを了解した[8]．2004年3月30日，主務大臣は，見直し案を踏まえた次期中期目標を教員研修センターに指示した[9]．そして，4月23日，政独委員会は，教員研修センターの見直し事項が概ね勧告の方向性に沿ったものであり，見直し事項が着実に具体化されることを条件に勧告をおこなわない旨，主務大臣と府省委員会に通知した[10]．これにあわせて，政独委員会は，今後，毎年度の評価の機会に当該見直し事項の具体化の状況を把握し，行政改革推進本部に所要の報告をすることとした．

　教員研修センターの見直しの概要は，次のとおりである．

　　教員研修センターは，① 各地域で中核的な役割を担う校長として期待される者に対する学校管理研修（国の教育改革，教育法規の研修等），② 喫緊の重要課題について自治体の先行段階としておこなう研修（職業への意識向上のための教育研修等），③ 自治体の共益的事業として例外的に実施する研修（民間企業への教職員国内派遣研修等），以上の3つに特化・集中する．その結果，①については2003年の48事業から2006年には25事業へと概ね半減，②については廃止・見直しの期限を設定，③については教員研修センター

の運営費交付金に依存しないよう研修費用の派遣者負担を導入することとなった．

　ここでは，次の3点を指摘することができる．第1に，見直しの実質的な作業は，中期目標期間の最終年度に実施されたことである．第2には，この勧告の方向性を踏まえて見直しがおこなわれ，また見直し事項が着実に具体化されるのであれば，勧告自体が実施されなかったことである．そして，第3に，政独委員会は，この勧告をおこなわないこととしたものの，その一方で今後，年度業務実績評価の機会に見直し事項の具体化の状況を把握し，行政改革推進本部に所要の報告をおこなうことになったことである．このように，「中期目標期間終了時における独立行政法人の組織・業務全般の見直しについて」によって，独立行政法人の見直しに関する内閣レベルの関与が実質的に制度化されることとなった．

　このように，実際の独立行政法人評価の運用は，通則法に定められた要件のほか，行政改革の指針や内閣が示す方針等がもととなっている［参照，村松2003：85］．この点は独立行政法人評価において重要な意味をもっている．政府の特殊法人等改革推進本部参与会議，独立行政法人有識者会議（以下，特に必要がない限り「旧有識者会議」とする），行政減量・効率化有識者会議（以下，特に必要がない限り「新有識者会議」とする），そして行政改革推進本部といった内閣レベルの関与が独立行政法人評価に大きな影響を与えているからである．特に，独立行政法人評価の運用については，内閣レベルのトップダウンによる判断が大きく影響している．なぜならば，独立行政法人による業務実績評価の結果如何に必ずしも立脚しない形で，ある意味，政治的な判断にもとづいて，独立行政法人の見直しが実施されているからである［福井・横澤 2008：116］．次節ではその展開をみることにする．

＋ 2．独立行政法人の見直しと政治化

（1）「骨太方針2004」と独立行政法人の見直し

　2004年6月に，「経済財政運営と構造改革に関する基本方針2004」（いわゆる「骨太方針2004」）が発表され，独立行政法人については，中期目標期間終了時の見直しの検討に2004年夏から着手し，年内に相当数の結論を得ることとなった。[11]各府省との協議を踏まえて，9月には，2005年度末までに中期目標期間が終了する56法人のうち，2004年中に見直しの結論を得る相当数の法人として，32法人が選定された。[12]また，「骨太方針2004」を受けて，旧有識者会議が行政改革推進本部に設置されることになった。旧有識者会議は，この32法人のうち23法人に対してヒアリングを実施した結果，10月27日に22法人の再編・統合に向けたさらなる検討，職員の原則非公務員化，業務の民間・地方移管等を指摘し，[13]12月7日には見直し案の検討方向を提示した。[14]これらを受けて，政独委員会は12月10日に勧告の方向性を主務大臣に示した。[15]12月20日，主務大臣は見直し案を提出し，その翌日に政独委員会が見直し案に対する意見を発表した。そして，政府原案確定日の12月24日に行政改革推進本部はこれを了解した。[16]この概要は以下のとおりである。

　　〈1〉対象32法人を廃止統合により22法人に再編[17]
　　〈2〉公務員型28法人のうち研究開発・教育関係25法人の非公務員化
　　〈3〉事務・事業の廃止，重点化，民間移管等

　ここでは，以下の3点を指摘することができる。まず，消防研究所と農業者大学校の2法人は，見直しによって廃止という選択肢が実行されたことである。前者は，国の危機対応に必要な機能として国（消防庁）に統合され，後者は，農業・生物系特定産業技術研究機構において，先端農業技術の教育が実施されることから，2法人とも純然たる廃止ではないという意見がある［北沢 2005：

314]．それでも，廃止という「中期目標期間終了時における独立行政法人の組織・業務全般の見直しについて」で決められた措置の 1 つが実行されたといってよい．次に，独立行政法人の非公務員化については大胆におこなわれたことである．最後に，行政改革推進本部が新たに見直しについて関与すべく，旧有識者会議を設置したことである．旧有識者会議は，特殊法人等改革推進本部参与会議の参与がそのままメンバーとなっている．この設置の背景には，独立行政法人の適切な見直しが実施されるべく，特殊法人改革での経験を生かすことにあった[18]．

　このように，特殊法人の独立行政法人化を契機とし，「骨太方針2004」によって独立行政法人の見直し方針が内閣のトップレベルから発せられ，しかも見直しの対象法人や統制機関が拡張されたのである．

（2）「行政改革の重要方針」と独立行政法人の見直し

　2005年度の見直しについては，2004年度における前倒し見直しの結果と「平成17年度末に中期目標期間が終了する独立行政法人の主要な事務及び事業の改廃に関する勧告の方向性」（2005年11月14日）に沿った措置が講じられた[19]．2005年度末までに中期目標期間が終了する56法人を42法人に整理・統合（うち2005年度見直し対象24法人を20法人に整理・統合），51の公務員型独立行政法人のうち，44法人を非公務員化（うち2005年度見直し対象19法人が非公務員化）したものであった．他方，郵政民営化法案の成立を受けて，すでに方針が決定していた住宅金融公庫を除く日本政策投資銀行等の政策金融 8 機関の見直しについて，経済財政諮問会議で検討が進められた．11月29日に同会議が取りまとめた「政策金融改革の基本方針」では，これらの政策金融機関について，統廃合や民営化といった今後の改革の方向性が示された[20]．

　この改革に付随して，独立行政法人については，2006年度中に見直し期限の到来する法人に加え，2007年度および2008年度に期限の到来する法人も前倒しで見直すこととなった．これを踏まえ，12月24日に閣議決定された「行政改革

の重要方針」では，2006年度の見直しについて，次のように決定された[21]．

〈1〉2006年度末に中期目標期間が終了する9つの独立行政法人に加え，2007年末に中期目標期間が終了する31法人についても，見直しの検討に着手し，相当数について結論を得る[22]

〈2〉融資業務等をおこなう独立行政法人については，2008年度末に中期目標期間が終了する法人を含め，2006年度中に政策金融改革の基本方針の趣旨を踏まえた融資業務等の見直しをおこない，結論を得る

〈3〉前記の法人の見直しに当たっては，2006年夏を目途に，政府としての基本的な考え方を取りまとめる．また，政独委員会としての見直しの方針を取りまとめる

　これらの決定の内容は，次のとおりに整理することができる．第1は，2007年度末に中期目標期間が終了する独立行政法人についても，2006年度中に相当数の見直し作業が実施されることになったことである．これは，「骨太方針2004」の方針に則った見直しと同様，いわゆる前倒し見直しである．第2は，たとえ上記の「相当数」に該当しなくとも，政策金融に係る業務部分については，2006年度中に見直しが実施されることになったことである．これにより，たとえ中期目標期限が2008年度末であったとしても，融資業務等を実施している独立行政法人は，見直しの対象法人として俎上に載せられることとなった．そして，第3は，独立行政法人の見直しが経済財政諮問会議を中心とした政府主導となったことである．政府は，独立行政法人の見直しだけでなく，政策金融改革や総人件費改革のプロセスについても議論するため，従前，独立行政法人の見直しについて議論していた民間有識者で構成される「独立行政法人に関する有識者会議」を「行政減量・効率化有識者会議」に改組することを併せて決定したのである．

　「行政改革の重要方針」以降の見直しの動きは，以下のとおりである．2006年5月，新有識者会議は，「18年度以降当面の独立行政法人の見直しの基本的

方向について」を取りまとめた[23]. これにより2006年度中に見直しをおこなう23法人が決定された. このうち, 2007年度末に終了する31法人のうち10法人, 2008年度末に終了する14法人のうち4法人, 合計14法人が前倒しの対象となった. さらに, これまでの業務の廃止・縮小・重点化や業務運営の効率化等といった経費縮減の観点に加え, 利用者負担の適正化, 保有資産の売却促進・一般利用開放の拡充, 知的財産の活用等による自己収入の増加が新たに指摘された. これにより, 財務面の改善に向けた見直しは, 支出の削減だけでなく, 収入の増加が企図されていることがわかる. この背景には, 規模や財務支出が相対的に大きい特殊法人から移行し設立された独立行政法人 (移行独法) の見直し時期が初めて到来することと無関係ではない.

　2006年6月には, 「行政改革の重要方針」の理念を法制化した「簡素で効率的な政府を実現するための行政改革の推進に関する法律」(2006年法律第47号, いわゆる「行政改革推進法」) が施行された. 7月に入ると, 政府は「経済財政運営と構造改革に関する基本方針2006」(いわゆる「骨太方針2006」) に独立行政法人の見直しを改めて取り入れた[24]. 11月21日に新有識者会議は, 「独立行政法人の中期目標期間終了時の見直しに関する有識者会議の指摘事項」を取りまとめた[25]. これにあわせて, 11月27日, 政独委員会は勧告の方向性を取りまとめた. 12月に入ると, 行政改革推進本部は, 政独委員会に見直しについての意見を求め, その意見を踏まえ, 12月24日に見直し内容を了解した. 見直しの内容は, ① 業務の廃止・縮小・重点化等, ② 融資業務等の見直し, ③ 非公務員化, 以上の3点を杜としたものである. この結果, 次期中期目標期間全体を通じた独立行政法人のコスト削減効果は約1900億円と見込まれた[26].

　このように, 中期目標期間終了時の見直しは, ますます政府主導となったものの, これで独立行政法人の見直しに関する議論は一段落つくはずと思われた.

3．独立行政法人整理合理化計画の策定とその具体化

（1）独立行政法人の見直しの原則

ところが，2007年5月に開催された経済財政諮問会議において，現行の独立行政法人が制度本来の目的にかなっているか，また制度創設後の様々な行政改革と整合的なものとなっているか見直しをおこない，年内を目途に独立行政法人整理合理化計画を策定することが議論された[27]．そして，同年6月の「経済財政改革の基本方針2007」（いわゆる「骨太方針2007」）にこの方針が盛り込まれた[28]．

この背景には，独立行政法人が発注した業務委託や物品購入等にかかる契約の大半が随意契約であることが表面化し，その随意契約先がいわゆる「天下り」の温床になっていると批判の的になったこと，また，これ以上にインパクトが大きかった出来事は，緑資源機構が発注する林道調査入札をめぐる「官製談合事件」が社会的問題になったことがあげられる．前者は，59の独立行政法人が発注した業務委託や物品購入等の3万3699件，計約8513億円にのぼる契約のうち，2万5876件（約77％），計約5234億円（約61％）が随意契約であったことが明らかになったことによる．後者は，2006年10月に緑資源機構による幹線林道事業の測量・建設コンサルタント業務に関する入札談合の疑いにより，公正取引委員会から調査を受けたのが発端であった．2007年4月には，独占禁止法違反（不当な取引制限）の容疑で公正取引委員会による強制調査が開始され，そして5月に受注した4法人が刑事告発され，東京地方検察庁に緑資源機構の役職員2名を含めた6名が逮捕された事件である[29]．特に，緑資源機構は移行独法であったことから，独立行政法人評価において，廃止や民営化にまで踏み込んでおらず，独立行政法人が特殊法人からの単なる看板の掛け替えではないかという批判につながった．このように，移行独法の動向が独立行政法人に対する政治化を発現させたこと，また，これを契機に移行独法だけでなく，国の事務・事業の一部を担った独立行政法人（先行独法）を対象とした見直しの展開

に発展していることについて，これまでの中期目標期間終了時における見直しの経過と共通していることが確認できる．

　今回の見直しに際しては，次のとおり，従来からの「官から民へ」原則と競争原則に加え，これまでの政独委員会や新有識者会議といった独立行政法人評価を担うアクターだけではなく，例えば緑資源機構・都市再生機構・日本貿易振興機構をとりあげた「規制改革会議」，独立行政法人の官民競争入札（市場化テスト）に関与する「官民競争入札等監理委員会」，そして独立行政法人が所有する資産の処分や圧縮を提言した「資産債務改革の実行等に関する専門調査会」といった，それぞれの改革の動向と整合性を確保することが求められた．

〈1〉「官から民へ」原則
　　　民間にゆだねた場合には実施されないおそれがある独立行政法人および事務・事業に限定．それ以外は，民営化・廃止または事務・事業の民間委託・廃止
〈2〉競争原則
　　　独立行政法人による業務独占については，民間に開放できない独立行政法人および事務・事業に限定．それ以外は，民営化・廃止または事務・事業の民間委託・廃止
〈3〉整合性原則
　　　他の改革との整合性を確保

　この見直し3原則を踏まえて，全101法人の独立行政法人整理合理化計画の策定が決定されるとともに，現行の通則法にもとづく中期目標期間終了時の見直しについては，2007年度対象の23法人に加え，2008年度対象の12法人に対しても前倒しで実施することになった．つまり，35の独立行政法人については，独立行政法人整理合理化計画のための見直しと並行して，府省委員会や政独委員会による見直しもおこなわれることを意味している．こうして，内閣レベルと通則法にもとづく見直しといった2つの評価プロセスが混在し，しかも政治

主導の改革に，評価サイクルとして制度化している法令上の見直しが追随するという事態を招くことになった．

（2）独立行政法人整理合理化計画の策定に係る基本方針

　その後，新有識者会議は，「独立行政法人整理合理化計画の策定に係る基本方針について」を策定した[30]．ここでの見直しの観点は，既述の「中期目標期間終了時における独立行政法人の組織・業務全般の見直しについて」に類似しているが，真に不可欠な事務・事業以外はすべて廃止することとなっており，独立行政法人の事務・事業をゼロベースで見直すことを主眼としている．この真に不可欠か否かの具体的な検討に当たっては，より踏み込んだ基準が設けられている．

〈1〉民間主体による実施状況や事務・事業の性質との関係で，事務・事業の廃止が国民生活や社会経済の安定等，公共上の見地において著しい悪影響を及ぼすものでなければ，不可欠なものとならない

〈2〉個々の独立行政法人の主要な事務・事業でなければ，不可欠なものとならない．特に，小規模な事務・事業は原則，主要な事務・事業とはならず，また，主要な事務・事業と関連性の低いものについては，不可欠なものとならない

〈3〉開始から長期間が経過し，見直しを要するにもかかわらず，適切な対応がおこなわれてきていない事務・事業については，不可欠なものとならない

〈4〉国の重点施策との整合性が図られていない事務・事業については，不可欠なものとならない

　また，これらの基準の他に，①受益と負担の関係が明確であり，国からの財政支出への依存度が低いことから民間主体で実施できると考えられる事務・事業，②これまでの様々な指摘に対応して適切な措置を講じていない事務・

事業，③国からの財政支出に見合う効果が発揮されていないと考えられる事務・事業，④諸外国において公的主体が実施していない事務・事業，以上の4つについても，その必要性や妥当性について厳しく精査をおこない，原則廃止することとなっている．

　すなわち，真に不可欠な事務・事業とみなされる場合であっても，事業性を有する事務・事業に対する民営化，市場化テストの導入，そして，地方等への業務の移管や他の独立行政法人等との一体的な業務実施についても検証をおこなうこととなっている．そして，これらの事務・事業の見直しを踏まえて，業務運営のさらなる改善を図るための体制の見直し，独立行政法人本体の廃止や民営化，そして他の独立行政法人との統合といった組織面についても必要な見直しを実施することとされている．以上の流れをまとめると図5−1のとおりとなる．

（3）独立行政法人整理合理化計画の策定手法

　まず，独立行政法人の事務・事業の見直しを徹底しておこない，その後に廃止や民営化を検討するという流れは，特殊法人等整理合理化計画の手法と同様である．また，独立行政法人の事務・事業の類型毎に見直し基準を策定するという流れについても同じである．この類型について，特殊法人等整理合理化計画では，①公共用物等，②政策金融，③調査・研究開発，④国際協力，⑤施設設備所有，⑥価格安定・備蓄，⑦振興助成・給付，⑧公的資金運用，⑨情報収集・提供・広報・普及啓発，⑩公益的営利事業等，⑪公営競技関係，⑫共済，⑬士業団体，⑭中央会，⑮その他（旧国鉄用地等の処分等）の15分野にわけられていた．一方，独立行政法人整理合理化計画では，①公共事業執行型，②助成事業等執行型，③資産債務型，④研究開発等型，⑤特定事業執行型，⑥政策金融型の6分野に過ぎないものであった．しかし，この6分野について，特殊法人等整理合理化計画の「公共用物等」から「情報収集・提供・広報・普及啓発」までは，独立行政法人の事務・事業の分類と内容が重複

［事務・事業の見直し］

・事業性があるか
・民間主体でも対応可能か

・市場化テストの適用になじむか

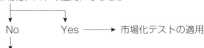

・地方等への業務の移管が可能か
・他の独立行政法人等との一体的な業務実施が可能か

独立行政法人の事務・事業として存続

［組織面の見直し］

事務・事業の見直しの結果として，次のような組織面の見直しを実施
・業務運営のさらなる改善のための体制の見直し
・独立行政法人の廃止・民営化・統合等

図5-1 独立行政法人整理合理化計画における見直しの流れ

注：公務員型の独立行政法人については，別途，公務員の身分を与えることが必要かどうか検討．
出典：「事務・事業及び組織の見直し（独立行政法人の徹底的な縮減）」（http://www.gyoukaku.go.jp/genryoukourituka/070809/siryou9.pdf，2018年7月30日閲覧）をもとに筆者作成．

しているところが大きい．また，「公益的営利事業等」から「中央会」までは，独立行政法人に移行していない事務・事業がほとんどであり，そもそも独立行政法人に馴染まないものである．つまり，類型毎の内容も踏襲されているといえる．

また，両者は，年内に取りまとめるという見直しのスケジュールについても

似通っている．特殊法人等整理合理化計画策定までの主なスケジュールを整理すると，次のとおりとなる．特殊法人等整理合理化計画については，2000年12月に閣議決定された行政改革大綱がスタートとなっていることから，その後2001年8月までは事業の見直しをおこない，9月以降は組織の見直しに転換している．

2001年4月3日	特殊法人の事業見直しの論点整理
2001年6月22日	特殊法人の事業見直しの中間とりまとめ
2001年8月10日	特殊法人の個別事業見直しの考え方
2001年9月4日	特殊法人の廃止又は民営化に関する各府省の報告
2001年10月5日	特殊法人の組織見直しに関する各府省の報告に対する意見
2001年11月27日	先行7法人の改革の方向性
2001年12月18日	特殊法人等整理合理化計画

　一方，独立行政法人整理合理化計画については，2007年6月の「骨太方針2007」からであり，独立行政法人整理合理化計画策定までの作業期間が短かったことから，事務・事業の見直しと組織の見直しを同時並行的に実施している．

2007年8月10日	独立行政法人整理合理化計画の策定に係る基本方針
2007年9月12日	各府省の独立行政法人整理合理化案
2007年11月27日	独立行政法人整理合理化計画の策定に関する指摘事項
2007年12月24日	独立行政法人整理合理化計画

　独立行政法人整理合理化計画の具体的なスケジュールは，次のとおりである．まず，8月10日の「独立行政法人整理合理化計画の策定に係る基本方針」を踏まえ，9月12日に各府省の独立行政法人整理合理化案が公表された．この方針を踏まえて，各府省は独立行政法人整理合理化案を作成したが，ほぼゼロ回答という批判があったとおり，廃止や民営化の対象となる独立行政法人を提示し

てきたところはほとんどなかった. これを踏まえ, 新有識者会議は, 多数の独立行政法人に対するヒアリングをおこない, また独立行政法人整理合理化計画策定に向けた国民からの意見や要望を求めた. そして, 11月27日, 新有識者会議は「独立行政法人整理合理化計画の策定に関する指摘事項」を取りまとめた[34]. このとき, 廃止, 民営化の検討対象となった11の独立行政法人が一度発表されたものの, 最終的にその法人名の発表が撤回されたといった紆余曲折もあった. その後, 大臣間の交渉を経て, 最終的に廃止・民営化の実施対象となった独立行政法人は6法人であり, 発表予定であった当初の法人数より概ね半減している (表5−2)[35].

　この交渉過程から読み取ることは, 独立行政法人制度で設計された評価プロセスが機能しているとは言い難いことである. 小西[2002：145-146・153]では, 特殊法人等整理合理化計画における進め方の限界について, 次の2点をあげている. 第1に, 内閣官房に設置された行政改革推進事務局は, 横並びの省庁に対して, 事業のあり方について強い権限を持たないことである[36]. 第2は, 非効率であるとか, 政策目標がすでに達成されているとか, あるいは将来の国民負担を増加させるからという理由で事業の見直しを求めても, 省庁は政府が法律や計画等で定めた方針に沿って, 事業を推進しているだけに過ぎず, 行政改革推進事務局の指摘を受けても, 事業の効率化を図りつつ, 今後も継続するという回答をおこなうに留まることである. 組織の見直しについても, 行政改革推進事務局の権限だけでは判断できないような問題が数多くあり, 結果的に踏み込んだ見解が示せないことから, その後の議論は内閣レベルの話で進むようになる.

　それでも, 独立行政法人の見直しには, 新有識者会議といった内閣レベルの関与体制が敷かれていることから, 行政改革推進事務局の権限の制約によって, 見直し方法の限界と判断するのは必ずしも適当でない. 少なくとも独立行政法人整理合理化計画は, 極めて強い政治の調整によって策定されたものと指摘できる. これによって廃止や民営化の対象法人が選定されたからである. ただし,

第5章　独立行政法人制度の実際の運用　*135*

表5-2　独立行政法人整理合理化計画における廃止・民営化の対象法人一覧

2007年11月27日「独立行政法人整理合理化計画の策定に関する指摘事項」時点（11法人）	2007年12月24日「独立行政法人整理合理化計画」時点（6法人）	「独立行政法人整理合理化計画」における廃止・民営化の概要
通関情報処理センター※	通関情報処理センター※	民営化（特殊会社化）
日本万国博覧会記念機構※	日本万国博覧会記念機構※	廃止（大阪府の納得が得られれば，2010年度までに独立行政法人としては廃止）
教員研修センター	―	
メディア教育開発センター	メディア教育開発センター	廃止（2008年度末に法人を廃止.事業の一部を放送大学学園において実施）
国立健康・栄養研究所		
労働政策研究・研修機構※	―	
緑資源機構※	緑資源機構※	廃止（2007年度限りで廃止）
日本貿易保険	日本貿易保険	民営化（政府全額出資の特殊会社化）
海上災害防止センター※	海上災害防止センター※	民営化（公益法人化）
都市再生機構※		
住宅金融支援機構※	―	

注：※は特殊法人から移行した独立行政法人．なお，通関情報処理センターは，2008年10月「輸出入・港湾関連
　　情報処理センター株式会社」として発足.
出典：「独立行政法人整理合理化計画の策定に関する指摘事項」と「独立行政法人整理合理化計画」等をもとに筆
　　者作成.

　特殊法人等整理合理化計画の策定時には，先行7法人の改革の方向性が示され
たのに対して，独立行政法人整理合理化計画のそれは，対象法人名が公表でき
なかった．つまり，政治レベルの力量により，その見直しの経過が異なるとい
う証左と考えられる．実際，今回の見直しに関する渡辺喜美行政改革担当相と
関係閣僚との調整が難航し，独立行政法人整理合理化計画の策定を2008年に遅
延してもやむを得ないという流れが一時的にはみられた．[37]

（4）独立行政法人通則法改正法案の提出

　以上の経緯を経て，2007年12月に独立行政法人整理合理化計画が策定された
わけであるが，その概要は次のとおりである[38]．独立行政法人の徹底的な縮減の
視点からは，上記の6法人の廃止および民営化の他，16法人の6法人への統合，
2法人の非公務員化および342のうち222の事務・事業（全体の約65％）の見直し
が決定されている．これにより，見直し対象の101法人のうち16法人を減らす
ことと，1569億円の支出を削減することが見込まれている．また，独立行政法
人の効率化については，①独立行政法人が締結している随意契約を徹底的に
見直し，随意契約を締結することができる限度額の基準と契約金額ベースによ
る随意契約の割合を国と同様のレベルにすること，②独立行政法人が保有し
ている土地や建物等を処分・売却し，その収入につき国庫への返納を図ること[39]，
③新たに20法人の29の事務・事業について官民競争入札を実施し，独立行政
法人が提供するサービスの質の維持・向上と経費削減を図ること，④行政改
革推進法第53条にもとづき，独立行政法人の人件費総額を5年間で5％削減す
ること，以上の4点が再確認されている．ただし，④については，独立行政法
人の整理合理化による雇用問題に対処するため，廃止等を実施する独立行政法
人の職員の受入れに協力する機関に対しても，人件費総額削減を一律的に適用
するかどうかを整理することとなった．また，研究開発をおこなう独立行政法
人については，優秀な人材を確保するため，その特殊性を踏まえた対応が必要
としている[40]．これらはともに人件費一律削減の適用除外を示唆しているものと
解される．

　独立行政法人の自律化については，独立行政法人の長だけでなく，監事や評
価委員会委員の任命についても内閣の一元的関与を図ることとされている．ま
た，内閣による一元化に関する重要なポイントとしては，独立行政法人評価の
あり方について，次のように取り決められていることである．

　　ア　主務大臣は，中期目標について，その達成度を厳格かつ客観的に評価

するため，独立行政法人の業務の全般にわたり可能な限り網羅的かつ定量的な指標を設定する等，法人が達成すべき内容や水準を明確化および具体化する．また，中期目標の達成状況等に応じて，当期又は次期の中期目標の内容や期間について必要に応じて柔軟に検討する

イ 評価委員会は，関連法人を有する独立行政法人について，連結財務諸表，個別財務諸表等の情報について関連法人に関するものを含めて的確に把握した上で評価を実施する

ウ 評価委員会の評価については，評定区分を統一する．その上で，評価基準の統一を検討する

エ 評価委員会は，独立行政法人評価の際，業務・マネジメント等に係る国民の意見募集をおこない，その評価に適切に反映させる

オ 各独立行政法人は，評価結果を役職員の給与・退職金等の水準，そのマネジメント体制等に反映させる

カ 現行の府省毎の評価体制について，内閣全体の一元的な評価機関により評価する仕組みに改めるとともに，各独立行政法人の長および監事の人事について，評価機関が評価結果を反映させて関与する仕組みとする方向で早急に検討を進め，2008年のできるだけ早期に結論を得る

　このように，独立行政法人整理合理化計画においては，一元的な評価機関により評価する仕組みに改める方向を提示している[41]．そこで，2008年4月に国会に提出された通則法改正法案（以下，特段の必要がない限り「2008年法案」という）では，図5-2のように，評価機能を一元化することが企図されていた．2008年法案では，従来の府省委員会や政独委員会を廃止のうえ，新たに総務省に置く評価委員会に評価機能を一元化し，内閣総理大臣がその委員を任命するものとしている．独立行政法人は，業務実績（中期目標期間終了時においてはその見込み）や中期計画の進捗状況等について，自己評価をおこなったうえで，その報告書を主務大臣経由で評価委員会に提出する．その際，主務大臣は，必要な意

1．業務実績評価

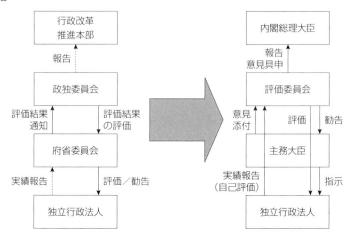

2．中期目標期間終了時の見直し

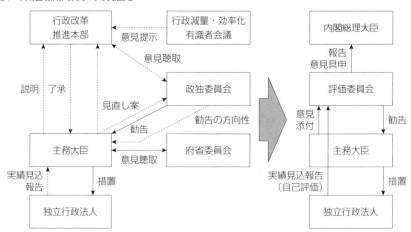

図5-2 独立行政法人通則法改正法案（2008年法案）における評価機能の一元化

注：破線は，通則法における枠外の流れを示している．
出典：総務省行政評価局『平成20年度評価・監査中央セミナー』資料をもとに筆者作成．

見をつけ加える．評価委員会は，評価結果や勧告内容を内閣総理大臣に報告し，また勧告した場合は，必要に応じて内閣総理大臣の指揮監督がとられるように意見を述べることが可能となっている．このように，2008年法案では，評価委員会の権限強化が法案化されていた．

　この評価機能の一元化と評価委員会の権限強化が独立行政法人評価の諸課題を改善すべく策定されているかについては議論の余地がある．「評価のお手盛り」を排するために設けた府省委員会と政独委員会という二重の評価システムを解消することにより，内閣レベルの関与をますます高めようとしている方向性が垣間見られるからである．

　確かに，府省委員会の委員が関係する独立行政法人や各府省から研究助成・補助といった便宜を受け，あるいはこれらの組織から業務を受託している事例があり，その委員は利害関係を有していることから，該当する独立行政法人評価の客観性に疑問があると指摘されたことがある［山谷 2006：260］[42]．しかし独立行政法人の事務・事業は多岐にわたり，しかも評価のための時間が限られている中，適切な評価のために，府省委員会の委員に専門家が含まれることは否定されるものではない．その専門家の絶対的人数が限られているがゆえに，結果として独立行政法人内部の評価委員会と兼職していることもあり得る．

　むしろ，次の2点が今回の評価機能の一元化を招いたと考えられる．第1には，府省委員会と政独委員会との評価のデマケーションが整理されていなかったことである．そもそも，政独委員会が各独立行政法人の業務の内容を網羅的に評価することは，時間的またはその専門性からも極めて困難であったはずである．その結果，政独委員会は，財務諸表等のチェックを中心におこなっていたという傾向がみられていた．しかし，評価機能の一元化により，この問題が解消されるかどうかは疑問の余地がある．

　第2は，府省委員会や政独委員会の評価結果が独立行政法人の見直しに反映されていなかったことである．これは独立行政法人に対する政治化により一層顕著となっていた．例えば，官製談合事件により廃止となった緑資源機構の府

省委員会（農林水産省独立行政法人評価委員会林野分科会）による2006年度の業務実績評価について，総合評価は5段階（A＋〔高〕，A，B，C，D〔低〕）のB評価，大項目「業務運営の効率化に関する目標を達成するためとるべき措置」および「国民に対して提供するサービスその他の業務の質の向上に関する目標を達成するためとるべき措置」はB評価，「予算，収支計画及び資金計画」および「重要な財産の譲渡に関する計画」はA評価，「その他農林水産省令で定める業務運営に関する事項」はD評価であった[43]．この評価結果は，官製談合事件を発生させたことを重く受け止め，この問題に強い関連を有する項目についてはD評価となっているものである．しかしながら，業務の大半は中期計画にもとづいて順調に推移し，実績を有したものも少なくないことから，評価基準に沿った平均的な達成割合を採用することとして，総合評価はB評価とすることが合意されたものである[44]．

　もちろん，この事例から全てを推し量ることはできない．だからといってこれをもって，府省委員会が機能していないと判断するのは早計な感がある[45]．確かに，年度業務実績評価の評定が各府省委員会で異なるため，統一的な相互比較ができず予算編成への反映が困難になっているとの指摘がある［山本 2008：23］．しかし，この批判は方法論に属するものである．したがって，官製談合事件が廃止の実質的な原因となった緑資源機構の年度業務実績評価が高い評定であったのは，そもそも府省委員会や政独委員会の評価が甘いからと結論づけるのはどうか．確かに，社会的問題を起こした独立行政法人に対しても高く評価されることについては，そうした法人の組織規律に対する批判としてはもっともであるが，そもそも中期目標を頂点とした独立行政法人評価は，目標や計画を達成したかを判断する業績測定であり，社会的問題の発生の有無に必ずしも直接連動するものではない[46]．民間企業の評価として一般的である決算においても，いわゆる「不祥事」は直接決算に反映せず，不祥事に対する社会的批判により売上げの低下を招くから，それが決算に反映するのである．また，そもそも主務大臣が定めた目標を独立行政法人が計画として実行することを求めら

れているからこそ，当然実施する，あるいは実施しなければならないものを達成し，それ相当の評価を受ける，という考え方も一理ある［参照，森田 2015：65］[47]．

　ただし，逆に考えれば，独立行政法人に対する政治化は必ずしも問題ともいえない．政治的外圧が存在することも評価制度が有効に機能するための一要因ともいえるからであり［縣 2008：1］，緑資源機構の廃止はまさに政治的判断により決定されたものだからである．それでも，独立行政法人評価において政治的判断と行政的合理性とが交錯していることは否めない[48]．これらの相違を認識したうえで，独立行政法人評価のあり方については議論されるべきである．

　以上，本章では，評価を基軸とした統制の実態はどのようなものであったかという点に着目し，独立行政法人制度の実際の展開について考察した．その結果，業務実績評価については，表面的あるいは細部重視的な評価に陥る傾向がみられていること，また，中期目標期間終了時の見直しの際には政治的な関与を強く受けることから，相対的に業務実績評価の意義が低下していることを明らかにした．そして，中期目標期間終了時の見直しについて，特に独立行政法人の存廃は，規準に従った見直しの結果ではなく，強い政治の調整によって決定されたものであることを指摘した．

　注
　1 ）　参照，総務省ホームページ（http://www.soumu.go.jp/main_sosiki/hyouka/unei.html，2018年 7 月30日閲覧）．
　2 ）　参照，首相官邸ホームページ（http://www.kantei.go.jp/jp/singi/gyokaku/kettei/030801minaosi.pdf，2018年 7 月30日閲覧）．
　3 ）　各年度の「勧告の方向性」については，総務省ホームページ（http://www.soumu.go.jp/main_sosiki/hyouka/dokuritu_n/houkousei.html，2018年 7 月30日閲覧）のそれぞれの項目を参照．
　4 ）　ここでは「中期目標終了後遅滞なく通則法第35条第 3 項に基づく勧告を行う」となっているが，同項に規定されているこの「勧告」は必ずおこなうという性格のものではなく，次期中期目標の内容が「勧告の方向性」に沿っていない場合にのみおこなわ

れるものであることに留意する必要がある.

5) 教員研修センターは,2016年11月に独立行政法人教員研修センター法（2000年法律第88号）等が一部改正されたことを受け,2017年4月に教職員支援機構として発足している.参照,教職員支援機構ホームページ（http://www.nits.go.jp/about/mission.html,2018年7月30日閲覧）.

6) 国立教育会館の解散に関する法律（1999年法律第62号）にもとづき解散した国立教育会館（特殊法人）の業務の一部についても教員研修センターに移管されている.

7) 国立国会図書館インターネット資料収集保存事業によって公開している総務省ホームページ（以下,単に「総務省ホームページ」とする）を参照（http://warp.ndl.go.jp/info:ndljp/pid/283520/www.soumu.go.jp/hyouka/dokuritu_n/houkousei_iki_15.html,2018年7月30日閲覧）.

8) 参照,首相官邸ホームページ（http://www.kantei.go.jp/jp/singi/gyokaku/kettei/031224honbun.pdf,2018年7月30日閲覧）.

9) 参照,教職員支援機構ホームページ（http://www.nits.go.jp/22jou/service/plan/files_past/tyuukimoku02.pdf,2018年7月30日閲覧）.

10) 参照,総務省ホームページ（http://www.soumu.go.jp/main_sosiki/hyouka/pdf/kyoin_center.pdf,2018年7月30日閲覧）.

11) 参照,首相官邸ホームページ（http://www.kantei.go.jp/jp/singi/keizai/tousin/040603unei.pdf,2018年7月30日閲覧）.

12) 参照,内閣府ホームページ（http://www8.cao.go.jp/hyouka/dokuritsu/iinkai/013/siryou15-9.pdf,2018年7月30日閲覧）.

13) 参照,内閣官房行政改革推進本部事務局ホームページ（http://www.gyoukaku.go.jp/dokuritsu/041027siteki.pdf,2018年7月30日閲覧）.

14) 同上（http://www.gyoukaku.go.jp/dokuritsu/041207kentou.pdf,2018年7月30日閲覧）.

15) 参照,総務省ホームページ（http://warp.da.ndl.go.jp/info:ndljp/pid/997626/www.soumu.go.jp/main_sosiki/hyouka/dokuritu_n/houkousei_iki_16.html,2018年7月30日閲覧）.

16) 参照,首相官邸ホームページ（www.kantei.go.jp/jp/singi/gyokaku/kettei/041224dokuhou_s.pdf,2018年7月30日閲覧）.

17) 対象となった32法人のうち,先行した3法人を除いた29法人については,当初中期目標期間より1年前倒しで2004年度に見直しの内容が示されている.しかしながら,実際の次期中期目標の策定は,2005年度に入ってから実施された.

18) 「経済財政運営と構造改革に関する基本方針2005」（いわゆる「骨太方針2005」)」では,前述した独立行政法人の事務・事業に対する市場化テストの導入のほか,旧有識

第 5 章　独立行政法人制度の実際の運用　　*143*

者会議の機能の活用・強化を盛り込んでいる．詳しくは，首相官邸ホームページ（http://www.kantei.go.jp/jp/singi/keizai/kakugi/050621honebuto.pdf，2018年7月30日閲覧）を参照．

19)　参照，総務省ホームページ（http://warp.da.ndl.go.jp/info:ndljp/pid/997626/www.soumu.go.jp/main_sosiki/hyouka/dokuritu_n/houkousei_iki_17.html，2018年7月30日閲覧）．

20)　参照，内閣府ホームページ（http://www5.cao.go.jp/keizai-shimon/minutes/2005/1129/item1.pdf，2018年7月30日閲覧）．例えば，国民生活金融公庫，農林漁業金融公庫，中小企業金融公庫および国際協力銀行の組織・機能を統合し，新たに株式会社日本政策金融公庫を設立しようとするものである．詳しくは，寺西［2007］を参照．なお，株式会社日本政策投資銀行は，まず従来の日本政策投資銀行が国への承継資産を除いた全財産を新会社に出資し，新会社の株式をすべて引き受け，そのうえで新会社の成立時に，日本政策投資銀行は新会社の株式を政府に無償譲渡するという流れとなる．このとき日本政策投資銀行から新会社に承継する資産および負債といった財産については，時価を基準として評価されることとなっている［金子 2007：43］．

21)　参照，首相官邸ホームページ（http://www.kantei.go.jp/jp/singi/gyokaku/kettei/051224housin.pdf，2018年7月30日閲覧）．その他，独立行政法人関係では，①特別会計改革の一環として，例えば国立高度医療センター特別会計について，2010年度に国立がんセンター等を独立行政法人化すること，②総人件費改革の流れから，国家公務員の5％以上の純減にあわせて，独立行政法人についても，今後5年間で5％以上の人件費削減の取組をおこなうことを中期目標等に示し，府省委員会や政独委員会がこの評価をおこなったりすること，③現存している公務員型の独立行政法人を原則非公務員化とすることが決められた．

22)　この中には，最初に見直しの対象となった教員研修センターが含まれる．

23)　参照，内閣官房行政改革推進本部事務局ホームページ（https://www.gyoukaku.go.jp/genryoukourituka/pdf/shiteki.pdf，2018年7月30日閲覧）．

24)　参照，内閣府ホームページ（http://www5.cao.go.jp/keizai-shimon/cabinet/2006/decision060707.pdf，2018年7月30日閲覧）．ただし，ここでは「18年度以降当面の独立行政法人の見直しの基本的方向について」を踏まえつつ，見直しに取り組むことが述べられているのみであり，新たな見直し方針および個別の独立行政法人とその事業の見直しについては特段言及されていない．

25)　参照，内閣官房行政改革推進本部事務局ホームページ（http://www.gyoukaku.go.jp/genryoukourituka/pdf/1121_shiteki_honbun.pdf，2018年7月30日閲覧）．

26)　参照，首相官邸ホームページ（http://www.kantei.go.jp/jp/singi/gyokaku/kettei/061224gaiyou.pdf，2018年7月30日閲覧）．

27) 詳しくは，内閣府ホームページ（http://www5. cao. go. jp/keizai-shimon/minutes/2007/0509/item8.pdf，2018年7月30日閲覧）を参照．

28) 参照，内閣府ホームページ（http://www5.cao.go.jp/keizai-shimon/cabinet/2007/decision070620.pdf，2018年7月30日閲覧）．

29) 最終的には4法人および7名が起訴され，11月1日には判決が下されている．詳しい経緯については，新妻［2008：15-16］参照．

30) 参照，内閣官房行政改革推進本部事務局ホームページ（http://www.gyoukaku.go.jp/genryoukourituka/070809/070809housin.html，2018年7月30日閲覧）．

31) 市場化テストの対象事業については，①原則として対象とする事務・事業として，「施設の管理・運営」，「研修」，「国家試験等」，「相談」，「広報・普及啓発」，②対象とする方向で検討する事務・事業として，「検査検定」，「徴収」がある．

32) 参照，内閣官房行政改革推進本部事務局ホームページ（https://www.gyoukaku.go.jp/jimukyoku/tokusyu/torimatome/index.html，2018年10月28日閲覧）．

33) 同上（http://www.gyoukaku.go.jp/siryou/tokusyu/h190912/rationalization.html，2018年7月30日閲覧）．「ゼロ回答」については，2007年10月21日『日本経済新聞』朝刊3面を参照．

34) この内容については，内閣官房行政改革推進本部ホームページ（http://www.gyoukaku.go.jp/genryoukourituka/071127/071127siteki.pdf，2018年7月30日閲覧）を参照．

35) 廃止・民営化の対象法人数の経緯については，君塚［2008：535］が詳しい．すでに述べたとおり，2004年の見直しの際に廃止が決定された独立行政法人は，先行独法である消防研究所と農業者大学校の2法人であったが，今回の廃止・民営化の対象法人をみると，半数以上が移行独法である．なお，別途，議員立法として成立した「独立行政法人平和祈念事業特別基金等に関する法律の廃止等に関する法律」（2006年法律第119号）により廃止が決定した平和祈念事業特別基金については，この対象数から除かれている．

36) 行政改革推進法第68条にもとづき，2006年6月23日，内閣に行政改革推進本部が設置され，これにあわせて同本部に事務局が設置されたが，これは従来の内閣官房の行政改革推進事務局の機能が移行したものである．なお，当時の行政改革推進本部は，2011年6月22日をもって解散している．詳細は，首相官邸ホームページ（http://www.kantei.go.jp/jp/singi/gyokaku/index.html，2018年7月30日閲覧）を参照．

37) 参照，2007年12月8日『日本経済新聞』朝刊2面．

38) 参照，内閣官房行政改革推進本部事務局ホームページ（http://www.gyoukaku.go.jp/siryou/tokusyu/h191224/gourika_zentai.pdf，2018年7月30日閲覧）．また，その策定内容については，信国［2008］に詳しくまとめられている．

39) 処分対象資産の簿価ベースで6100億円と見込まれている．参照，内閣官房行政改革

推進本部事務局ホームページ（https://www.gyoukaku.go.jp/siryou/tokusyu/
h191224/point.pdf，2018年7月30日閲覧）.

40）　詳しくは，内閣府ホームページを参照（http://www8.cao.go.jp/cstp/siryo/haihu70/
siryo2-2.pdf，2018年7月30日閲覧）.

41）　この背景には，経済同友会の「独立行政法人の合理化・効率化を求める：独立行政
法人整理合理化計画の策定に向けてⅡ」において，現行の二重の評価システムを問題
視されていたことがある．詳しくは，経済同友会ホームページ（http://www.doyukai.
or.jp/policyproposals/articles/2007/pdf/071121a.pdf，2018年7月30日閲覧）を参照.

42）　元来，監査とは合規性・正確性を問う財務監査（financial audit）を意味していたが，
今日ではその役割が拡大し，政府活動のプロセスや成果について評価する業績監査
（performance audit）が登場するようになってきている．業績監査は，従来の財務監
査というよりむしろ評価に近いものであり，「監査」と「評価」の両者の垣根はなくな
りつつある［平松 2004：36］.

43）　府省委員会では，独立行政法人の専門性に応じて分科会を設けるのが一般的となっ
ている．またその専門性に応えるためにピア・レビュー（同等の研究分野の知見をも
つ研究者による評価）の志向が散見される．ピア・レビューの長所や短所については，
政策評価研究会編［1999：50］を参照.

44）　詳細は，「独立行政法人評価年報　平成19年度版」（http://warp.da.ndl.go.jp/info:
ndljp/pid/1283844/www.soumu.go.jp/menu_news/s-news/2008/pdf/081224_1_99.pdf，
2018年7月30日閲覧）を参照.

45）　参照，2007年11月24日『日本経済新聞』朝刊3面．この記事は，評価の基準は独立
行政法人によって異なり，また府省委員会の委員は述べ1000人を超えるものの，厳し
い評価を下すことは稀であると批判している.

46）　業績測定の特徴は，山谷［1997：184-185］に詳しく解説されている.

47）　本章では，部署間のやり取りについては射程としていないものの，実際の運用につ
いて，主務官庁の主管課は独立行政法人の担当部署から中期目標原案等の提示を受け，
両者の協議の中で固まっていくというパターンが多い［稲継 2006：54］.

48）　南島［2007；200］は，政策評価の結果を反映するということが政策評価の実質的な
機能を規定するものであると指摘し，逆に政策評価にとって深刻な問題は，これを反
映させなければ，政策評価制度そのものの存在意義が問われるために，その結果，政
府部内ではこの反映度を示すことが急がれ，期待されていたはずの政治による反映の
論議は自己目的化してしまうおそれがあると懸念している.

第6章　事業仕分けと行政事業レビュー

　前章では，評価を軸に独立行政法人制度の実際を分析することによって，独立行政法人に対する政治化とそれにともなう評価の混乱を明らかにした．しかし，2009年の民主党政権への交代にともなう行政改革により，この混乱に拍車をかけることとなった．そこで本章では，民主党政権下に社会的な注目を集めた「事業仕分け」と，これを踏まえて制度設計された「行政事業レビュー」について考察し，独立行政法人に対する政府の影響について論じる．

十　1．事業仕分け

（1）事業仕分けの契機と展開

　事業仕分けという名称は，経理や会計で騒染みのある「仕分け」という用語に「仕事を分ける」作業がゆえに表現として収まりがよかったことが由来であり［構想日本編 2007：12］，事業を存続するものと廃止・縮小するものとを分けることから，事業仕分けと呼ばれていた［山口 2012：6］．2009年8月の衆議院議員総選挙により自民党から民主党への政権交代が実現し，「国家戦略室」や「行政刷新会議」の設置等，政治主導を実現するためのいくつかの政策が実施された．このうち，政権交代を最も象徴する出来事の1つが事業仕分けであった［手塚 2012：240］．事業仕分けは，これまでの評価制度とは異なる新たなスタイルとして注目され，その後の行政事業レビューに引き継がれていった．国のすべての事業について，各府省自らが点検し，その内容や目的・成果・資金等の

流れ等を公表する行政事業レビューは，現在の自民党政権においても継続的に実施されており，ある意味，民主党政権下における成果の1つといってよい．

　そもそも，事業仕分けは政策シンクタンク「構想日本」が2002年から始めたものである．構想日本編［2007：2］は，国や自治体が行っている行政サービスそのものの必要性や実施主体について，予算の項目毎に議論し，「不要」，「民間」，「市町村」，「都道府県」，そして「国」と分けていく作業であり，外部者が公開の場で事業の要否について議論することが事業仕分けの特徴であると説明している．事業仕分けは，歳出削減の切り札のようにいわれることが多いものの，行政が行っている事業を，現場で点検することによって，その要不要や，官と民，国と自治体の役割分担を精査することが初期の目的であった［滋賀大学事業仕分け研究会・構想日本編 2011：3］．言い換えれば，事業仕分けは現在行政が実施している事業について，そもそも公的関与が必要なのか，必要であったとしてもそれは本来誰が実施すべきなのかという，事業そのものの必要性の有無や実施主体の妥当性を確認する検証作業である［佐藤 2007：28］．また，行政がおこなっていることを「現場」の視点で洗い直すことによって，個々の事業の無駄の削減にとどまらず，その事業の背後にある制度等，行財政全体の改革に結びつけていくことを提唱している[1]．しかし，手塚［2012：242］が指摘しているとおり，外部の者が公開の場において，そもそもの必要性や実施主体を判断していく事業仕分けでは，実施の時間的制約と明確な結論の提示のために，当該事業が抱えている過去の経緯や関係する制度をあえて捨象していることになる．

　そもそも，当初の事業仕分けは，自治体すべての予算項目（3000-8000事業）について，大掴みにチェックをおこなう「全事業仕分け」を実施していた．冨永［2006：24］が示している過程の3段階を利用するならば，2002年からは，国と地方との役割分担を大まかに示し，自治体に対する関与（事務の義務付け，実施に関する基準等）を事業毎にあぶり出すことを主眼においていた．2004年からは，予算編成への活用の視点も重視されるようになり，ある程度の時間をか

けて議論する必要があったことから，抽出した事業を対象とする「選択事業仕分け」が中心となっていた［滋賀大学事業仕分け研究会・構想日本編 2011：4］．この予算編成への反映の期待に加えて，2006年からは住民参加の観点が導入され始めた．つまり，行政サービスの受益者であり納税者でもある住民が事業仕分けに参加する「住民参加型事業仕分け」スタイルの登場である[2]．この手法は，市民判定人方式と呼ばれており，無作為抽出で選ばれた住民が事業仕分けに参加することで，住民全体の代表性を確保することを企図している［佐藤 2013：74］．母集団からサンプリングされた市民判定人の参加率が高いほど代表性も確保されており，その中での評価は，住民の意思として十分な重みを有するという考え方である［同：75］[3]．以上のように，大きく「全事業仕分け」，「選択事業仕分け」および「住民参加型事業仕分け」の3段階に分けることが可能となる．

　事業仕分けを導入した結果，直接的な効果は，地方に対する国の関与が浮き彫りになることと，予算編成への活用によって予算削減につながることであり，また副次的な効果としては，住民が事業の具体的な内容（税金の使われ方）を知ることができることと，対外的な説明により行政内部の意識改革につながることであった［構想日本編 2007：6-7］．特に最後の意識改革については，評価者である仕分け人と行政職員による問答スタイルによるところが大きい［窪田 2016：50］．つまり，外部の者に対して公開の場で説明することの緊張感が，行政職員に対する評価教育につながっているという考え方である．

（2）事業仕分けと事務事業評価との相違

　自治体に業績測定を中心とした事務事業評価の仕組みが導入されたのは，1996年の三重県が最初であったといわれている[4]．その後，静岡県の業績棚卸表（1997年），北海道の「時のアセスメント」（1998年）へと展開し，事務事業評価は全国の自治体に広まっていった．現在，事務事業評価を主流とした行政評価のシステムはすでに定着している．それゆえ，事業仕分けの特色としてあげている外部からの視点や予算編成への活用については，事務事業評価においても，

外部有識者による二次評価や評価結果の予算査定の活用という形態で実践されている．しかし，滋賀大学事業仕分け研究会・構想日本編［2011：13］では，自治体が事務事業を抜本的に見直せない理由を次のように指摘している．

〈1〉様々な「しがらみ」の存在
  ・国や都道府県からの補助金の存在
  ・受益者である団体や市民からの反発
  ・合併地域を含む同等性への配慮
  ・委託している外郭団体等への配慮
  ・議員からの反発
  ・首長や上司等への配慮
  ・数年で人事異動することによる結論先送りの風土
〈2〉一次評価の追認的な評価（一次評価責任者である担当部署の意見の尊重）
〈3〉内部事務的な評価作業の実施
〈4〉形式的な公表

　また，事務事業評価は，目標対実績の測定が主流であるが，この手法のみでは政策の根幹に遡った必要性の見直しが困難であることを指摘している［東田2010：289-290；佐藤 2013：75］．目標値と実績値との対比においては，事業の廃止や見直しの阻止に役立つ結果が出そうな成果指標を選んだり，達成できる目標値が設定されがちになったりするからである［窪田 2003：185］．この指摘は，必要性という評価項目に焦点を当てた評価が事業仕分けの実態であるという佐藤［2007：28］の見解と符合する．⁵⁾ つまり，事業仕分けは事務事業評価の活性化のための試みであったといえる．

　この異同をまとめたものは表6‐1であるが，端的に示すならば，事業仕分けは，ゼロベースで評価のうえ，明確な結論を示し，その議論を含めてすべて公開するところに大きな特徴がある．公開については，事務事業評価においてもほとんど実施されているものの，公開に関する周知の方向性が異なる［東京

第6章　事業仕分けと行政事業レビュー　　*151*

表6-1　事業仕分けと事務事業評価との比較

項　　目	事業仕分け	事務事業評価（外部評価）
評価の対象	事務事業	事務事業
評価の視点	ゼロベース	ゼロベースが必須ではない注1
外部の視点	あり	あり
評決（評価）の実施注2	必須	必須ではない
公開性の確保	すべて公開	すべて公開とは限らない

注1：東京市町村自治調査会［2010］では，事業仕分け，事務事業評価ともにゼロベースの観点は同じと説明しているが，佐藤［2013］は必須であるかどうかの違いを示している．事務事業評価は，業績測定型の評価であり，必ずしもゼロベースとは言い切れないと判断できるため，同氏の見解に倣っている．
注2：事業仕分けでは，最終的な評価結果を「評決」と称しているが，本章では，これ以降「評価」に統一している．
出典：東京市町村自治調査会［2010：104］および佐藤［2013：72］．ただし，筆者が一部加筆・修正．

市町村自治調査会 2010：104］．事業仕分けは，積極的に住民に呼びかける傾向がある一方で，事務事業評価は行政内部に目が向いており，公開の徹底性が異なるからである．つまり，事務事業評価は，事業仕分けに比べて内向きであるという指摘であり，それはすでに述べたとおり，地方自治体が事務事業を抜本的に見直せない理由と整合的であるといえる．

（3）国レベルにおける事業仕分けの導入

民主党はかねてから，自民党政権下における官僚主導パラダイムの転換を主張していたことから，2009年の政権交代後，極端なまでの政治主導への転換を試みた．そのうち，事業仕分けは政権構想実現のためのツールの1つであった［飯塚・堤 2015：109］[6]．この背景として，民主党は，増税を否定し無駄を削減することによって，子ども手当や公立高校の無償化等，積極的な社会政策の財源を捻出することを訴えており，効果的な無駄の洗い出しが政権の運営にとって急務であったからである［山口 2012：6］．また，民主党の政策形成プロセスをどのように国民の目に見えるように可視化するかについても，注目されていた［小林 2012：38］．これらの要因が重なった結果，事業仕分けが採用されたもの

である.

　しかしながら，国レベルの事業仕分けは，このとき突如登場したものではない．事業仕分け自体は，自民党政権下に検討され，また一部の事業については，すでに実施されていたものである [構想日本編 2007：72-73；枝野 2010：183-188；手塚 2012：243-244；飯塚・堤 2015：108-109]．国による事業仕分けの契機は，2005年9月の衆議院議員総選挙において，公明党と民主党によるマニフェストで取りあげられたことによる．郵政民営化の是非が焦点となったこの総選挙は，自民党の圧勝という結果であったが，事業仕分けのアイデアは，前章で述べた同年12月の「行政改革の重要方針」，2006年6月の行政改革推進法，同年7月の「骨太方針2006」に取り入れられた．その後，2008年8月に自民党の「無駄遣い撲滅プロジェクトチーム」によって，一部の事業について「政策棚卸し」と称した事業仕分けが初めて実施された．もちろん，2005年のマニフェストで取りあげた民主党は，その着想自体，早期から構想段階にあり，政権交代前の2009年4月から6月にかけて，2009年度予算の予備的調査と称した事業仕分けを実施していた．この試行があったからこそ，政権交代後，速やかに事業仕分けが実施できたのである.

　また，事業仕分けの候補としては，表6‐2のとおり，この予備的調査時において対象となった事業が含まれている．この分類には，財務省が提案した事業もあげられている．従来，国の予算は，各府省の概算要求を財務省が査定するプロセスを踏むものであったが，この予算編成の過程で事業仕分けが使われたのである [高木・三浦 2013：45]．その一方で，事業仕分けが予算編成のツー

表6‐2　事業仕分け第一弾の対象事業の分類

(1) 会計検査院等が過去に指摘した事業
(2) 事業仕分けの担当議員が取りあげたいと考えた事業
(3) 2009年度予算の予備的調査時に対象となった事業
(4) 財務省が提案した事業

出典：枝野 [2010：16]．ただし，筆者が一部加筆・修正.

ルとして活用されたことは，手塚［2012：246］が指摘しているように，財務省を中心とした対象の選定がおこなわれることとなり，後の財務省主導との批判を招く一因となった[7]．

（4）事業仕分けにおける評価の視点

　事業仕分けでは，これまでの予算編成で見過ごされがちであった「執行の実態」について極力現場の目線で，税金の用途とその効果がどうなっているかを検証して，予算の要否を判断し，独立行政法人評価と同様，PDCA サイクルにつなげていくことを目指していた[8]．また，事業仕分けにおける見直しの視点としては，次の 4 点をあげていた[9]．

〈1〉事業目的が妥当であるか，財政資金投入の必要があるか

〈2〉手段として有効であるか

〈3〉手段として効率的であるか

〈4〉限られた財源の中，ほかの事業に比べて緊要であるか

　このように，国レベルの事業仕分けでは，すでに論考した必要性と妥当性に加えて，有効性，効率性，緊急性の観点から実施されていた．また，事業の単価設定や執行管理の適切性を踏まえた見直しの視点も含まれていた．さらに，国による行政サービスの外部化の観点からいえば，独立行政法人と公益法人等も事業仕分けの射程に入っており，以下のような視点が加味されていた．

〈1〉事務・事業と組織形態の見直し

　・国民にとって真に不可欠とは言えないもの

　・民間企業でも実施できる事務・事業にもかかわらず業務を独占しているもの

　・不要不急な基金等を有しているもの

　・自治体等が類似の事業をおこなっているもの

〈2〉財政支出の見直し

- 事務・事業の重点化が徹底されていないもの
- 自主財源の確保や既存財源の活用が十分でないもの
- 運営の効率化が進んでいないもの
- 国における既存の組織で実施できる財政支出をおこなっているもの
- 規模の経済（いわゆるスケールメリット）が発揮されていないもの
- 随意契約や関連公益法人との契約が多いもの，随意契約とする合理的な理由がないもの
- 個別の事業についての評価がおこなわれていないか公表されていないもの

　このように，根本から歳出の枠組みを見直すべく，多面的な評価の視点が取り入れられていることがわかる．

（5）事業仕分けの作業と評価の過程

　事業仕分けの作業プロセスについては，表6‐3のとおりである[10]．ここで登場する「施策・事業シート」（概要説明書）は，事業の概要やこれまでの予算・実績等について記載された書類であり，後述の行政事業レビューシート（以下，単に「レビューシート」とする）に展開していったものである．ここで，評価者である仕分け人は，施策・事業シートに目を通している前提となっていることに注意が必要である．対象事業については，同じ担当職員から，2回にわたって事前ヒアリングを受けており，事業仕分けにおける現場での議論，つまり本番では3回目に当たるからである［蓮舫 2010：29-31］．そういう意味では，対象事業の評価結果に至るまでの作業としては，本番での所要時間である約1時間より，はるかに長い時間を要しているといえる．

　とりまとめ役は，最終的な評価を下す責任者であり，国会議員が務めていた．また，対象事業を所管している各省の副大臣または政務官，そして議論の進行

第6章　事業仕分けと行政事業レビュー　*155*

表6-3　事業仕分けの作業プロセス

項　　目	時　間	概　　要
事業説明	5〜7分	説明者（各府省職員）が「施策・事業シート」に基づいて当該事業の要点や施策・事業シートの補足説明をおこなう. 評価者（仕分け人）は事前に施策・事業シートに目を通している前提で説明 説明者は局長または審議官クラスを必須とし，5席（名）まで可（複数事業が対象で，5席で足りない場合は交替も可）. 独立行政法人が対象の場合は法人職員の出席も可. 後方に座る補助員は3名まで可
査定担当より考え方の表明	3〜5分	査定の立場にある財務省主計局より，事業の論点や主計局としての考え方の説明
とりまとめ役から当該事業の主な論点を発表	2分程度	とりまとめ役（国会議員）より，事業を選定した背景や主な論点等を提示
質疑・議論	40分程度	評価者から説明者に対して，仕分けの判断材料としての質問や議論
各評価者が「評価シート」へ記入	3分程度	評価シートに評価内容とその理由を記載. 議論しながらの記入も可
とりまとめ役が評価結果を発表	2分程度	各評価者の評価シートをとりまとめ役が集約.「廃止（仕分け区分）が何名……」と読み上げた上で，とりまとめ役が評価結果およびこれを受けてのコメントを公表

出典：「事業仕分け作業の進め方について」（http://warp.da.ndl.go.jp/info:ndljp/pid/9283589/www.cao.go.jp/sasshin/kaigi/honkaigi/d2/pdf/s3.pdf，2018年8月1日閲覧）をもとに筆者作成.

役を担う民間からのコーディネーターも同席していたが，これらの者は，質疑・議論または進行には加わるものの，評価には参加しない立場であった.

　事業仕分けの評価プロセスは，図6-1のとおりである. まず，そもそも事業の必要性について検討し，不要であれば廃止となる. 次に，事業としては必要であったとしても，行政が担う必要があるか，また自治体に移管できないか，といった実施主体についての議論となる. 枝野［2010：52］では，しかるべき民間企業が存在しない場合でも「民間の受け皿の育成が課題」と評価される可能性を指摘している. また，予算編成を通じた財源確保が前提となっているため，緊急性に応じた来年度の予算計上の見送り，予算要求額の縮減といった項目が盛り込まれている. そして，事業の内容や組織・制度等に見直しの余地が

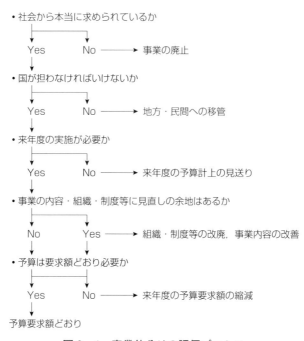

図 6‑1　事業仕分けの評価プロセス

注：事業仕分け第一弾を想定．
出典：枝野［2010：51］，「事業仕分けで使用する評価シートのイメージについて」（http://warp.da.ndl.go.jp/info:ndljp/pid/9283589/www.cao.go.jp/sasshin/pdf/sheet-image.pdf，2018年8月1日閲覧）をもとに筆者作成．

あるかといった改革の視点が含まれている．このように，事業仕分けの評価結果は，①事業の廃止，②自治体等への移管，③予算計上見送り，④制度等の見直し，⑤予算の削減，⑥予算要求どおり，以上の6つに分類可能である．ただし，④については，見直しが必要な場合にそのことを記述する様式となっており，例えば，事業仕分け第一弾の対象であった地方交付税交付金は，「地方財政計画を客観的なものとすべきという意見，政策誘導をおこなうべきではないとの意見を踏まえた上で抜本的な制度見直しをおこなう」という評価であった．[11]

（6）事業仕分けの実施実績

　事業仕分けは，表6‒4のとおり開催されており，ここではその特徴を概観する．事業仕分け第1弾は国の事業が対象であったが，第2弾は独立行政法人または政府系の公益法人等が実施している事業，第3弾は特別会計で行われている事業，また過去の事業仕分けと行政事業レビューによる見直しが不十分と考えられる事業を「再仕分け」と称して実施された．しかし，事業仕分け第一弾を対象としている国の事業であっても，独立行政法人が運営費交付金として交付を受けて実施している事業，また特別会計から拠出されている事業が含まれていたことから，実態としては，必ずしもそれぞれの事業仕分けの対象が独立しているとはいえない．

　以下，独立行政法人に関する事業仕分けの結果を述べておく［参照，中村2010：58］．2009年11月に開催された事業仕分け第1弾では，449事業の一部に関わっている39の独立行政法人に影響した[12]．その結果を踏まえた2010年度政府

表6‒4　事業仕分けの実施状況

名　称	実施時期	対　　象	内閣
事業仕分け第一弾	2009年11月	国の事業（449事業）	鳩山
事業仕分け第二弾	2010年4月同年5月	独立行政法人（47法人，151事業）政府系の公益法人等（70法人，82事業）	菅
事業仕分け第三弾	2010年10月同年11月	特別会計（18会計51勘定48事業）再仕分け（112事業）	
規制仕分け	2011年3月	12の規制分野（医薬品，農業等）	
提言型政策仕分け	2011年11月	10の政策分野（科学技術，原子力等）	
国会版事業仕分け	2011年11月，2012年6月，8月同年10月	スーパーコンピューター，医療費レセプト，公務員宿舎，原子力復興予算	野田
新仕分け	2012年11月	復興関連事業，日本再生戦略における重点3分野（グリーン，ライフ，農林漁業），社会保障	

出典：大迫［2012：3］，高木・三浦［2013：46］，内閣府ホームページ（http://www.cao.go.jp/gyouseisasshin/，2018年8月1日閲覧）をもとに筆者作成．

予算案ベースの独立行政法人向け財政支出は，対前年度当初予算比で3531億円の減であり，近年の対前年度削減幅（2008年度は1569億円の減，2009年度は1372億円の減）と比べて，大幅に削減額が増加している[13]．また，事業仕分け第1弾で議論となった独立行政法人の基金等の国庫返納額は5938億円，不要資産の国庫納付額は710億円であった．事業仕分け第2弾の前半では，47の独立行政法人に関する151事業が対象となり，2011年度政府予算案ベースの独立行政法人向け財政支出は対前年度当初予算比で1745億円の減となった[14]．また，不要資産の国庫納付額は，この規定のみを改正した通則法の影響により，1兆3717億円と大幅に増加した．

事業仕分けから摘出された独立行政法人に関する問題点は次のとおりであった[15]．

〈1〉不要資産の国庫返納

保有する必要のない資金や資産を国庫返納，独立行政法人の国費プールは必要最小限

〈2〉事務所等の見直し

在外公館等他の機関との関係を踏まえた海外拠点のあり方を見直し，組織の枠を越えた類似施設を共用化

〈3〉施設の見直し

施設を要しない手段を検討，既存の施設を活用

〈4〉事業の民間委託等

他の機関・民間企業で実施可能と考えられる業務から撤退

〈5〉重複排除・事業主体の一元化

事業の重複が生じないように国が関与，類似事業の事業主体を一元化

〈6〉取引関係の見直し

一般競争入札を原則化，情報公開を徹底

〈7〉 自己収入の拡大等

　　　受益者からの適正な負担による自己収入を拡大

〈8〉 人事管理，人件費

　　　役員数を適正化，利害関係を有する民間企業との人事交流のあり方を
　　　見直し，ラスパイレス指数が高い独立行政法人の給与水準を引き下げ

〈9〉 事業の審査・評価

　　　審査・評価が実効的なものになるように見直し

〈10〉 ガバナンスの強化

　　　国との役割・責任の分担が曖昧な独立行政法人のあり方を見直し，
　　　国の行政執行と深く関連する事業との密接な連携

　特に，最後のガバナンス強化については，研究開発をおこなう独立行政法人についても，国費が投入されているという視点と，国家戦略との連携という観点から，研究対象の選定等に関して，国からのガバナンスを強化し，また総合科学技術会議（現在は「総合科学技術・イノベーション会議」に改称されているが，本書では以下，特段区別せず用いている）のあり方を見直すべきと指摘されている．

　そして，2010年12月には「独立行政法人の事務・事業の見直しの基本方針」が策定された[16]．ここで，独立行政法人制度の発足に当たっては，先行独法と移行独法とが併存している現状を改めて取り上げており，様々な類型の業務をおこなっている独立行政法人をすべて一律の制度にはめ込むことになったこと，また国や特殊法人における種々の業務について，十分な検証や整理がなされることなく独立行政法人化した面は否定できないとしている．

　話を事業仕分けに戻す．評価シートについては，それぞれの事業仕分けで特徴がある．例えば第2弾では，独立行政法人と公益法人等が対象になったことから，官民競争入札（市場化テスト）も評価の射程として付加されていた．また，特定法人との継続的な取引関係の見直しと，利用者負担の引き上げ等による自己収入の見直しの観点も取り入れられていた[17]．特別会計が対象となった第3弾

前半では，一般会計との区分経理の要否や，他の特別会計等との統合が加味された[18]．第3弾後半の再仕分けは，過去の事業仕分け等で廃止や縮減を受けた事業がその方向性に従って予算要求等を実施しているかが論点となった．しかしながら，自民党政権が担っていた2010年度予算とは異なり，2011年度予算は民主党政権としての初めての予算編成過程であったことから，2010年度予算のように批判するのが難しくなったのである．予算を要求している各府省の政務三役（大臣，副大臣，政務官）は，事業仕分けに対して「内閣の方針に反する」といった不満を表明したこともあり，事業仕分けのスタンスが変質したことを印象づけたものであった［東田 2012：273］．

　そのため，2011年3月の東日本大震災後直前に実施された「規制仕分け」以降は，事業仕分けの目的自体に変化が生じている．規制仕分けは，一般用医薬品のインターネット販売の規制等について改革の方向性を示し，国民的議論を巻き起こすことを目指したものであった．評価シートについても，改革の必要性から議論し，必要となった場合に廃止または見直しの方向性が示される様式となっていた[19]．野田政権になって初めての「提言型政策仕分け」では，無駄や非効率の根絶といったこれまでの視点にとどまらず，主要な政策分野について，中長期的な政策的・制度的な問題への対応を各府省に促す提言をおこなうものであった．それゆえ，評価シートについても論点と方向性を示すに留まっている[20]．また，提言型事業仕分けと同時期に，衆議院の決算行政監視委員会が「行政監視に関する小委員会」を設け，立法府として予算の無駄等を監視する，いわゆる「国会版事業仕分け」を実施した[21]．国会版事業仕分けでは，スーパーコンピューター，医療費レセプト，公務員宿舎，原子力，翌年には当時，復興関連事業以外への流用問題で揺れていた東日本大震災復興予算が取りあげられた．そして，2012年の「新仕分け」では，復興関連事業の他，同年7月の日本再生戦略における重点分野であるグリーン（エネルギー・環境），ライフ（健康），農林漁業（6次産業化）に関する事業，社会保障（生活保護等）を柱としたものであった．

このように，規制仕分け以降は，その対象が政治的な判断をともなう規制や政策に拡大し，また，国会版事業仕分けにおいても政治的な関心の高い事業が重点的に取りあげられたことから，事業仕分け自体が変容していったことがわかる［高木・三浦 2013：47］．換言すれば，それだけ事業仕分けが国民の関心から薄れていたことへの対処的な実施であったといえる．

╋ 2．行政事業レビュー

（1）民主党による行政事業レビューへの展開

民主党は，事業仕分け第1弾の社会的反響を契機として，2010年3月の行政刷新会議において，全面的な公開，外部からの視点による点検等，事業仕分けの原則に従った行政事業レビューの試行を決定した[22]．事業仕分けにより，予算の支出先や使途を踏まえて，効率性や必要性の観点から，事業の実施が適切であるかといった検証をおこなうことの重要性が明らかになったからである．

行政事業レビューの基本的な取り組みは，次のとおりである[23]．

〈1〉 各府省自らが予算の支出先や使途等について実態を把握し事業を点検
〈2〉 外部有識者を交えた公開の場での議論（公開プロセス）を実施
〈3〉 行政事業レビューの結果を事業の執行や予算要求に反映
〈4〉 組織や制度の見直しに活用

行政事業レビューは，各府省が策定した事業を自ら評価し，その結果を予算の要求段階から公開することにより，予算編成に反映するという内発型評価プロセスである［六十里 2012：54］．この一連の作業は，事業仕分けの内生化と定常化を目的としたものであり，一言であらわすならば，予算要求における各府省版の事業仕分けである［南島 2011：58］．他方，行政事業レビューにおける結論は，公開プロセスによる取りまとめ結果を含めて，予算編成過程における査

定を拘束するものではないとしていた．それでも，この予算編成への反映という観点は，後述するとおり，行政事業レビューの対象範囲にも影響しているのではないかと思われる．

　公開プロセスへの俎上に載せる事業については，表6‒5の視点から各府省自らが選定するものであり，事業仕分けとは選定主体が異なっている．また，事業仕分けの選定の考え方と比べると，抽象的な項目となっており，それだけ各府省の裁量の余地が大きいといえる．その一方で，政府が必要と判断する事業については，対象事業として追加することが可能となっている．ただし，公開プロセスの実施期間は，府省毎に概ね数日間であったことから，その対象数は実質的に限定されるものであった．

　すでに述べたように，行政事業レビューは，各府省自らの取り組みであり，各府省が作成した行動計画にもとづく進捗状況は府省毎に様々であるものの[24]，その特徴を包括的にまとめると次のとおりである[25]．

　〈1〉PDCA サイクルにもとづく自律的な取り組みの統一的な実施
　〈2〉政治家（副大臣・政務官）や外部有識者の参加
　〈3〉各府省共通のレビューシートの公表
　〈4〉公開プロセス
　〈5〉行政事業レビューの統一的なルールの策定

　行政事業レビューは，2010年の試行，2011年の一部取り組みの省略を経て[26]，

表6‒5　行政事業レビュー初期の公開プロセス対象事業の分類

(1)	事業の規模が大きい，または政策の優先度の高いもの
(2)	長期的，継続的に取り組んでいる事業で，執行方法や制度等に関して，改善の余地があるもの
(3)	事業の執行に関して，過去に内外から問題等が指摘されているもの
(4)	公開の場で外部の視点による検証をおこなうことが有効と判断されるもの

出典：「『公開プロセス』の基本的な考え方のポイント（案）」（http://warp.da.ndl.go.jp/info:ndljp/pid/
9283589/www.cao.go.jp/sasshin/kaigi/honkaigi/d7/pdf/s2.pdf，2018年8月1日閲覧）をもとに筆者作成．

2012年から本格的に実施された．同年の行政事業レビューにおいては，「平成24年における行政事業レビューについて」にもとづき実施されたが[27]，2010年3月の「『事業仕分け』の基本原則の確認」を踏まえたものである[28]．この基本原則とは，① 現場に通じた外部の視点の導入，② 全面的な公開，③ 統一的なシートの作成，④ 明確な結論，⑤ プロセスの重視，以上の5点である．特に，⑤の組織と制度の改革に結びつけるためのプロセス重視が，各府省に設けられた予算監視・効率化チームによる公開プロセス後の点検にも影響している．また，行政事業レビューの対象範囲については，前年度の事業の他，当年度から開始された事業と翌年度に新規要求する事業についても，レビューシートの作成・公表が求められている．つまり，毎年3年度分がその範囲となり，予算編成への活用を企図していることがわかる．その他，自発的な取り組みに対する人事評価への反映，政策評価との連携が提唱されている[29]．

また，公開プロセスの議論を踏まえた行政事業レビューの横断的な事業見直しの視点については，表6-6のとおりであり，統一的な実施の観点がより重

表6-6　行政事業レビューの横断的な見直しの視点

見直しの視点	具体的な方策
事業目的の妥当性・財政資金投入の必要性の検証・改善に関する視点	• 国と自治体，独立行政法人，民間等との役割分担の見直し • 具体的な目標・成果指標の十分な設定
手段の有効性や効率性の検証・改善に関する視点	• 事業実施における競争性の確保と更なるコスト削減 • 受益者負担を踏まえた補助率等の見直し • 支援先の選択と集中 • 他の手法等による対応
活動実績・成果指標の検証と改善に関する視点	• 事後の検証・効果の十分な把握 • 事業の計画・工程管理等の見直し • 透明化，情報の開示の徹底
類似事業や共管事業の検証・改善に関する視点	• 類似事業や共管事業の重複排除の徹底

出典：「行政事業レビュー公開プロセスの議論における横断的な事業見直しの視点について」(http://warp.da.ndl.go.jp/info/ndljp/pid/9283589/www.cao.go.jp/sasshin/kaigi/honkaigi/d28/pdf/s1.pdf，2018年8月1日閲覧) をもとに筆者作成．

視されていることがわかる.

（2）自民党による行政事業レビューの継続と改善

　民主党政権下における行政事業レビューは，本格的に実施された2012年が最後となったが，自民党への政権交代後の2013年1月には，行政改革推進会議において，行政事業レビューの改善に向けた検討をおこなうこととなった.[30]

　自民党による行政事業レビューの継続に向けた取り組みが進められた結果，改善の方向性としては，次の4つの観点からの見直しが示された.[31]

　〈1〉外部チェック体制の明確化

　　　各府省の推進体制が政務，職員および外部有識者を構成員とするチームから，職員を中心に構成されるチームに変更され，外部有識者のチェックは，そのチームとは独立しておこなうようにする

　〈2〉外部チェック対象の重点化

　　　外部有識者のチェック対象を重点化し，より効果的・効率的な事業点検が行われるようにする

　〈3〉熟議型による公開議論の実施

　　　公開の場での事業点検は継続し，無駄の削減の観点だけでなく，より効果の高い事業に見直すという観点で熟議型により議論を進め，議論の取りまとめ結果は外部有識者の意見として取り扱うものとする

　〈4〉政策評価との連携強化

　　　政策評価との連携強化を進め，情報の相互活用や一覧性のある公表等，それぞれが効率的・効果的に実施されるようにする

　行政改革推進会議のメンバーである田中弥生氏は，行政事業レビューを通じた評価における課題や改善案を提言していた.[32]　以下，田中弥生［2014：8-10］に沿って，上記の4つの見直しの観点から，自民党政権下における行政事業レ

ビューの変更点を述べる.

〈1〉 外部有識者と職員それぞれの視点から議論を進めた方がより効率的
　　　であるという判断から, 両者は独立したかたちでチェックをおこな
　　　う

〈2〉 すべての事業を一つ一つ外部有識者が直接点検するには限界がある
　　　という考えから, まず職員が点検し整理したものを外部有識者が確
　　　認する

〈3〉 無駄の撲滅だけでなく, 生産性や効率性を向上させるための考え方
　　　を取り入れていくことが必要であるという意見から,「廃止」の内容
　　　を「抜本的見直し」に統合する[33]

〈4〉 政策評価の資料とレビューシートの事業名および事業番号を共通化
　　　する等, 政策評価と行政事業レビューの相互活用をおこなう[34]

　その他, 主な変更点としては, 次の2つをあげることができる. 第1は, 事業仕分けでも争点となった, 国の補助金や出資金等により, 公益法人等に造成された基金についてである[35]. これについては, 基金の執行状況や残高等の自己点検結果をまとめた「基金シート」が新たに作成・公表されることになった. 第2は, 行政改革推進会議による検証についてである. 自民党政権下では, 副大臣, 政務官といった政務が行政事業レビューのチーム構成から外れることになったが, その一方で, 行政改革推進会議が各府省の行政事業レビューの検証をおこなうことになった. 特に, レビューシート公表後の検証, いわゆる「秋のレビュー」によって, 各府省の点検が十分なものとなっているか, 点検結果が的確に予算要求に反映されているか, 公表内容が十分なものになっているか等について, 改めてチェックがおこなわれることになった[36]. 2015年3月に決定された「行政改革推進会議による検証の強化について」という名称のとおり[37], 行政事業レビューに対する内閣による関与が強調されている. 特に, 各府省の行政事業レビューの取り組みに関する改善点等については, 各府省の政務三役

等に対して，外部有識者が直接講評をおこなうことになっており，ある意味，民主党政権下における政務の関与が復活しているといっても過言ではない．つまり，行政事業レビューは事業仕分けのプロセスに再接近しているのである．

　以上の変更点を踏まえ，行政事業レビューの大まかな流れをまとめると図6‐2のとおりである．前半は，各府省による自己点検，公開プロセス，行政事業レビュー推進チームによる点検，そしてレビューシートの公表という一連のプロセスがある．そして，後半は，行政改革推進会議による「秋のレビュー」があり，その結果を政府予算案に反映することである．

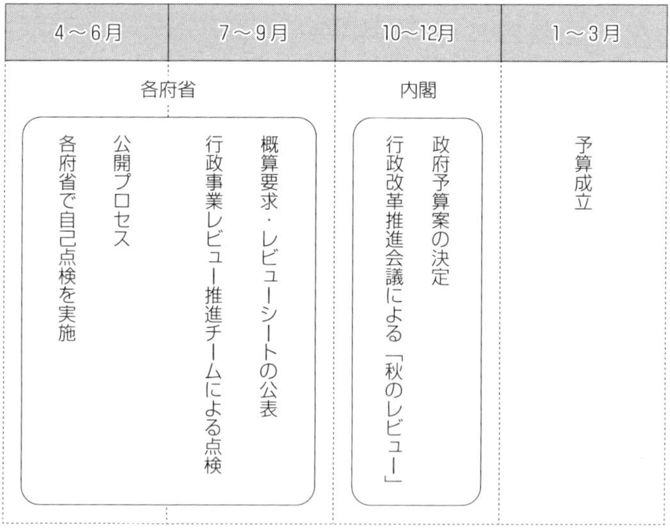

4～6月	7～9月	10～12月	1～3月
各府省		内閣	
各府省で自己点検を実施 / 公開プロセス	概算要求・レビューシートの公表 / 行政事業レビュー推進チームによる点検	政府予算案の決定 / 行政改革推進会議による「秋のレビュー」	予算成立

図6‐2　　行政事業レビューの流れ（イメージ）

出典：「これでわかる！　行政事業レビュー（平成26年度版）：PDCAで国の『仕事』を改善する」（http://www.cas.go.jp/jp/seisaku/gyoukaku/H27_review/H27_Topics002/review_summary.pdf，2018年8月1日閲覧）6頁．ただし，筆者が一部加筆・修正．

＋ 3．事業仕分けと行政事業レビューの課題と評価

（1）事業仕分けの課題

事業仕分けの問題点を大別すると，① 評価主体，② 対象事業，③ 評価結果，の3点に集約できる．

第1の評価主体には，行政刷新会議や事業仕分けに係る法律上の位置づけと，仕分け人である国会議員や民間有識者の選定の議論が存在する．この2つは，政府が評価結果に従う法的根拠，いわゆる法的拘束力との関係から論点になったものである．藤井［2012：169］は，法定化の理由について次のとおり述べている．

〈1〉内閣府設置法上の重要政策会議としての位置づけを与えること

〈2〉仕分け人たる国会議員の身分を専門委員会の委員として明確化すること

〈3〉各府省に対する協力要請ができることを法律上明確にすること

しかし，滋賀大学事業仕分け研究会・構想日本編［2011：97］では，事業仕分けの結果が法的拘束力を有するものではなく，事業や予算の最適化を目指す手段として用いるべきと主張している．この点は，国より先行していた自治体において，事業仕分けの結果の取り扱いについては首長や議会が判断するという意見と整合的である［冨永 2006：24］．実際，行政刷新会議に法律上の位置づけを与える法案が国会に提出されたが，後に撤回されている．[39]

選定のあり方について，東田［2012：274；2014：106］では，仕分け人次第で結果は大きく左右されることから，仕分け人自体に対する客観的な選定基準が必要であると指摘している．例えば，事業仕分け第2弾では，① 独立行政法人や公益法人の仕組み・実態・問題等に知見を有する者，② 予算の実際の使われ方など予算執行の現場に知見を有する者，③ 事業仕分けの経験を有する

者，④行政全般，個別の行政分野のあり方等に識見を有する者，以上4点の
いずれかの要件を満たす者の中から選定することになっていた[40]．しかし，事業
仕分けの評価に意味をもつかどうかは，対象事業に関する制度や内容に対する
専門性によるところが大きい［滋賀大学事業仕分け研究会・構想日本編 2011：126]．
つまり，客観性と専門性は，ある意味，トレードオフの関係にあるといえる．
この点は，独立行政法人評価における外部の評価者を選定する際の客観性と専
門性の確保に対する議論にも通じるものである．独立行政法人評価のように専
門性の追求が必要な一方で，外部の評価者が多様な意識や視点を提供し，観点
の多様化を確保するための評価は，評価対象に対して「判決を下す」ことを目
指す総括的評価でないことに留意する必要がある［田中啓 2014：276]．これが
第3の評価結果にも影響することになる．

　第2の対象事業については，選定された事業と，そうでなかった事業との合
理性の観点に加えて，研究開発のように成果を測定し難い中長期的な事業は，
その対象として馴染まないという争点に起因するものである．実際，事業仕分
けが効果を発揮するかは，対象事業によるところが大きい［滋賀大学事業仕分け
研究会・構想日本編 2011：125]．行政刷新会議においても，事業仕分けの対象事
業の選定の考え方を示しているが[41]，評価主体である仕分け人のそれと比べて抽
象的である．国民の関心が高く，社会的な反響も大きい事業を優先的に選定す
ることは，必ずしも合理的とはいえず，そうかといって無作為に抽出するわけ
にもいかない．一定の予算以上の事業を対象にするという方法もあり得るが，
すべてを対象としない限り，なぜこの事業を取りあげたのかという理由の明確
化は必要となる．

　そして，第3の評価結果については，短時間で廃止，減額といった結論を下
すことへの批判と，事業仕分けの評価結果がその後の予算編成過程に反映され
ていないことへの不満とに分けることができる．前者については，時間的な制
約から政策体系の一部しか評価できないという限界と，評価対象そのものの選
択を誤ることが評価の失敗につながるという主張がある［窪田 2016：50]．後者

に関しては，そもそも，予算が基本的に単年度である以上，1年間で測定可能なアウトプットの結果しか反映できず，成果が出るまでに中長期的な年数を要するアウトカムに対する評価は困難である［山谷 2012：114・146］．しかしながら，高木・三浦［2012：50］が指摘しているように，多くの時間とコストをかけて事業仕分けを実施している以上，その評価結果を尊重しなければ，「作業のわりに効果がよくわからない」といった，さらなる「評価疲れ」の原因となり得るおそれがある[42]．

　これらの課題を踏まえて行政事業レビューにいえることは，有用性を高めるための一定のルールメイキングが必要ということであろう．では，行政事業レビューにおける予算への反映に関する問題とは何か．これについては，次で述べる．

（2）評価結果と予算反映

　事業仕分けや行政事業レビューは，予算編成への活用を意識した結果，すべてが削減の方向ではないものの，予算削減が期待されていることに異論の余地は少ない．しかし，南［2013a：158-159］では，評価結果をそのまま予算に反映できない実務上の限界を明らかにしている．事業仕分けは，事業の必要性や実施手法の可否について一定の評価を結論づけるが，その結果への対応を行政内部で検討する段階になると，対象となった事業の担当者とその事業を受けている関係者は，当然ながら事業を維持する方向で図ることを模索するからである．それゆえ，対象事業における個別の対応は，事業担当部署と行政改革担当部署との消耗戦となる．その結果，全体の財政や組織におけるバランスの中で，一律削減という「痛み分け」の枠内で結論づけられてしまうことになる．なぜならば，完全に無駄な事業というものはもともと存在せず，具体的な受益者の姿がみえると，評価結果どおりの措置は現実的に困難であり，事業は縮小するものの，その継続志向は残るからである[43]．

　この指摘は，行政事業レビューにとっても重要である．実務的な評価は，情

報の公開といったアカウンタビリティの確保や予算編成等の管理に対して，戦略的な情報を提供することであり，この道具的価値の認識なしには，評価の現実機能はあり得ない［西出 2010：13］．しかし，予算削減を前提としたツールとして評価が進められると，対象事業として選定された段階で，一定程度の削減額を「落としどころ」として，事業担当部署が模索するおそれは否定できないからである．「評価疲れ」は，評価作業のベースとなる評価資料の作成にともなう事務負担から指摘されることが多いが，このような評価プロセスを超えた交渉や調整等の業務も含まれていることに留意する必要がある．次は，その評価資料についてである．

（3）評価資料の効果と課題

　事業仕分けで使用された施策・事業シートは，従前，様々な部署から収集しなければならなかった情報がまとまっているという点からは有効である．また，財務省と各府省が年末の政府予算案作成に向けて，いわゆる裏舞台で調整を進めてきた予算編成過程の一部が詳細な情報とセットで公開されたことの意義は大きい[44]．

　翻って，様式が統一されたことで，事業の比較可能性が高まったという点では価値が高まったものの，それでもまだわかり難いという意見がある[45]．この使い難さという観点を看過することはできない．情報の公開自体は必要であるものの，一部の者を除いて，施策・事業シートを一見して当該事業の内容や問題を把握できることは少ないと思われるからである．これが政府の全事業を対象とする行政事業レビューとなれば尚更である．レビューシートの説明から，事業の概要は理解できたとしても，そこで使われている数値にどのような意味があるのかわからず，金額の多寡のみが注目されがちだからである．また，評価活動に重要業績評価指標（key performance indicators）が注目されるようになり，レビューシートに計画や指標を具体的に明示する要請が強くなっている中，達成率の大小だけで判断されるおそれも否定できない[46]．「見える化」には，情報

を公開するだけでなく，アクセスしやすいか，またはわかりやすいか，という観点がより意識されるべきであると考えられる．そのかわり，希望的観測によって歪められないように，客観的な事実や数値の質をあげることが求められるであろう．

　ただし，レビューシートの作成はあくまでも手段であり，担当部署がレビューシートの意義を理解しなければ，その作成や更新自体が目的化するおそれがある．田中啓［2014：285-286・298-299］が指摘するように，評価資料は万能ではないし，その記入が評価の活動となってはいけないのである．そうでないと，レビューシートの作成と更新が新たな繁文縟礼を生み出すことになるからである．

（4）事業の廃止と評価項目

　ここで強調しておきたいことは，事業の「廃止」という評価項目の取り扱いについてである．すでに述べたとおり，事業仕分けでは，特に政権交代時の公約との関係で，財源を捻出することが念頭に置かれており，そのため，事業仕分けの評価プロセスでは，不要と判断された事業は総じて廃止という評価が下されていた．その後，事業仕分けでは廃止の取り扱いに変化がみられたが，民主党の行政事業レビューでは事業の存続自体を問題とする場合の選択肢として，廃止が項目として残っていた[47]．しかし，自民党における行政事業レビューの見直しの結果，既述のように廃止の内容が「抜本的見直し」に統合されることになった．確かに，田中弥生［2014：9］が指摘しているように，この統合は政治的に民主党政権との違いを示そうとしたにすぎず，廃止の考え自体は抜本的見直しに含まれていた．それでも，民主党の事業仕分けにおける評価スタンスの変化と同様，自民党の行政事業レビューにおいても，廃止について揺らぎがみられた．実際，2014年の公開プロセスから，事業の存続自体を問題とする場合の選択肢として，廃止の項目が明示的に復活している．このように，廃止の区分の有無は，事業の必要性を評価する観点に少なからず影響を及ぼしているも

のと考えられる.

　以上，本章において，事業仕分けと行政事業レビューを俯瞰した結果，独立行政法人に対する政府の影響力が行使されており，独立行政法人評価の混乱に拍車をかけていることが明らかになった．また，民主党と自民党どちらの政権下においても，評価の活性化のために，政治的な影響が共通の根にあることを指摘した[48].

　注
1 ）　参照，構想日本ホームページ（http://www.kosonippon.org/project/shiwake.php，2018年 8 月 1 日閲覧）.
2 ）　同上（http://www.kosonippon.org/project/02.php，2018年 8 月 1 日閲覧）.
3 ）　事業仕分けと住民参加による民意との関係については，窪田［2016］が詳しい.
4 ）　業績測定には多くの意味があるが，例えば Hatry［1999：邦訳 3 ］では，「サービスあるいはプログラムのアウトカムや効率を定期的に測定すること」と定義している．しかし，業績指標にもとづく業績測定は，アウトカムではなくアウトプットを中心としたプロセスを測定しているのが現実であり［Morgan and Murgatroyd 1994：159］，実際，事務事業評価もアウトプットを中心とした測定となっている．また，業績測定には複数の管理上の目的があり，その主体によっても目的は異なる［Behn 2003：587］．なお，この管理上の目的とは，評価（evaluation），管理（control），予算（budget），動機（motivation），奨励（promotion），褒賞（celebrate），学習（learn），改善（improve）の 8 つである［ibid.：587-598］.
5 ）　佐藤［2007］は，事業仕分けを必要性評価の観点から分析している.
6 ）　事業仕分けというシンクタンク発の手法が国政レベルで採用されたという「国政化」を論考した文献としては，飯塚・堤［2015］がある．両氏は，シンクタンクが事業仕分けのアイデアを提供したばかりでなく，構想日本の代表である加藤秀樹氏が行政刷新会議事務局長を務める等，実施段階においても直接的に関与した点が特徴的であったと言及している.
7 ）　事業仕分け第一弾の対象事業のうち，財務省から提案を受けた事業は 7 割程度であった［枝野 2010：16］．また，手塚［2012］は，事業仕分け第一弾における財務省作成の論点ペーパーと事業仕分けの評価結果との比較によって，財務省主導であったかどうかを考察した結果，約 8 割の事業が論点ペーパーによる主張と同じ評価結果であったと説明している.
8 ）　国立国会図書館インターネット資料収集保存事業によって公開している内閣府資料

（以下，単に「内閣府ホームページ」とする）を参照（http://warp.da.ndl.go.jp/info:ndljp/pid/9283589/www.cao.go.jp/sasshin/kaigi/honkaigi/d1/pdf/s5-1.pdf，2018年8月1日閲覧）．

9） 参照，内閣府ホームページ（http://warp.da.ndl.go.jp/info:ndljp/pid/9283589/www.cao.go.jp/sasshin/kaigi/honkaigi/d1/pdf/s5-2.pdf，2018年8月1日閲覧）．

10） 枝野［2010：56-60］においても，同じ資料をもとに説明している．

11） 参照，内閣府ホームページ（http://warp.da.ndl.go.jp/info:ndljp/pid/9283589/www.cao.go.jp/sasshin/oshirase/h-kekka/pdf/nov13kekka/1-18.pdf，2018年8月1日閲覧）．

12） 同上（http://warp.da.ndl.go.jp/info:ndljp/pid/9283589/www.cao.go.jp/sasshin/kaigi/honkaigi/d5/pdf/s1-1.pdf，2018年8月18日閲覧）．

13） 参照，財務省ホームページ（https://www.mof.go.jp/budget/budger_workflow/budget/fy2010/seifuan22/yosan017.pdf，2018年8月18日閲覧）．

14） 同上（https://www.mof.go.jp/budget/budger_workflow/budget/fy2011/seifuan23/yosan016.pdf，2018年8月18日閲覧）．

15） 参照，総務省ホームページ（http://www.soumu.go.jp/main_content/000069730.pdf，2018年8月25日閲覧）．

16） 参照，内閣官房行政改革推進本部事務局ホームページ（https://www.gyoukaku.go.jp/siryou/h221209/101207kakugi.pdf，2018年8月25日閲覧）．

17） 参照，内閣府ホームページ（http://warp.da.ndl.go.jp/info:ndljp/pid/9283589/www.cao.go.jp/sasshin/data/files/da40b1bb-c407-97bf-115c-4bd101222196.pdf，http://warp.da.ndl.go.jp/info:ndljp/pid/9283589/www.cao.go.jp/sasshin/data/files/68f808dd-6312-9315-efaf-4bf47406170a.pdf，2018年8月25日閲覧）．

18） 同上（http://warp.da.ndl.go.jp/info:ndljp/pid/9283589/www.cao.go.jp/sasshin/shiwake3/data/shiryo/12.pdf，http://warp.da.ndl.go.jp/info:ndljp/pid/9283589/www.cao.go.jp/sasshin/shiwake3/data/shiryo/18.pdf，2018年8月1日閲覧）．

19） 同上（http://warp.da.ndl.go.jp/info:ndljp/pid/9283589/www.cao.go.jp/sasshin/seisaku-shiwake/common/pdf/page/9ed4156d-274d-0ec3-00cc-4ec7916eac57.pdf，2018年8月1日閲覧）．

20） 同上（http://warp.da.ndl.go.jp/info:ndljp/pid/9283589/www.cao.go.jp/sasshin/kisei-shiwake/common/pdf/747e0c9b-b4d9-d7ba-6a46-4d72c31b2e8b.pdf，2018年8月1日閲覧）．

21） 参照，衆議院ホームページ（http://www.shugiin.go.jp/internet/itdb_kaigiroku.nsf/html/kaigiroku/0253_l.htm，2018年8月1日閲覧）．

22） 当時は，「国丸ごと仕分け」と称されていたこともあり，マスコミでは「省庁版事業仕分け」と呼称していた．

23) 参照，内閣府ホームページ（http://warp.da.ndl.go.jp/info:ndljp/pid/9283589/www.cao.go.jp/sasshin/kaigi/honkaigi/d6/pdf/s2-1.pdf，2018年8月1日閲覧）．

24) 同上（http://warp.da.ndl.go.jp/info:ndljp/pid/9283589/www.cao.go.jp/sasshin/kaigi/honkaigi/d9/pdf/s1-1.pdf，2018年8月1日閲覧）．

25) 参照，首相官邸ホームページ（http://www.kantei.go.jp/jp/singi/gskaigi/dai1/siryou03_1.pdf，2018年8月1日閲覧）．

26) 2011年は，東日本大震災への対応を踏まえ，レビューシートの中間公表や公開プロセスの開催は実施されていない．

27) 参照，内閣府ホームページ（http://warp.da.ndl.go.jp/info:ndljp/pid/9283589/www.cao.go.jp/sasshin/kaigi/honkaigi/d26/pdf/s2-2.pdf，2018年8月1日閲覧）．

28) 同上（http://warp.da.ndl.go.jp/info:ndljp/pid/9283589/www.cao.go.jp/sasshin/kaigi/honkaigi/d6/pdf/s1-2.pdf，2018年8月1日閲覧）．

29) 行政事業レビューと政策評価との接点については，南島［2011］が詳しい．

30) 参照，首相官邸ホームページ（http://www.kantei.go.jp/jp/singi/gskaigi/dai1/siryou03_1sankou.pdf，2018年8月1日閲覧）．

31) 同上（http://www.kantei.go.jp/jp/singi/gskaigi/dai2/siryou1.pdf，2018年8月1日閲覧）．

32) 同上（http://www.kantei.go.jp/jp/singi/gskaigi/dai2/siryou3.pdf，2018年8月1日閲覧）．

33) 同上（http://www.kantei.go.jp/jp/singi/gskaigi/dai10/siryou1.pdf，2018年8月1日閲覧）．

34) 同上（http://www.kantei.go.jp/jp/singi/gskaigi/dai2/siryou4.pdf，2018年8月1日閲覧）．この政策評価と行政事業レビューとの共通管理の他，両者の有識者会合の合同開催および同一の担当課による両者の取りまとめといった複数の取り組みが実施されている．詳細は，総務省ホームページ（http://www.soumu.go.jp/main_content/000278282.pdf，2018年8月1日閲覧）を参照．

35) 参照，内閣府ホームページ（http://warp.da.ndl.go.jp/info:ndljp/pid/9283589/www.cao.go.jp/sasshin/kaigi/honkaigi/d3/pdf/s2-1.pdf，2018年8月1日閲覧）．

36) 参照，首相官邸ホームページ（http://www.kantei.go.jp/jp/singi/gskaigi/dai6/siryou2.pdf，2018年8月1日閲覧）．

37) 同上（http://www.kantei.go.jp/jp/singi/gskaigi/dai16/siryou1-3.pdf，2018年8月1日閲覧）．

38) 同上（http://www.kantei.go.jp/jp/singi/gskaigi/dai22/siryou1-1.pdf，2018年8月1日閲覧）．

39) 正式名称は，「政府の政策決定過程における政治主導の確立のための内閣法等の一部

を改正する法律案」である．詳しくは，大迫［2012：2］を参照．

40）　参照，内閣府ホームページ（http://warp.da.ndl.go.jp/info:ndljp/pid/9283589/www.cao.go.jp/sasshin/kaigi/honkaigi/d7/pdf/s3-2.pdf，2018年8月1日閲覧）．

41）　同上（http://warp.da.ndl.go.jp/info:ndljp/pid/9283589/www.cao.go.jp/sasshin/kaigi/honkaigi/d7/pdf/s3-1.pdf，2018年8月1日閲覧）．

42）　「評価疲れ」についての最近の論考については，例えば京都府立大学京都政策研究センター［2015］，茂木［2015］を参照．

43）　南［2013b：209-210］では，予算の「配分」に重点を置いた場合，配分される先が1つの部署になってしまうため，どうしても縦割りの発想が基本となってしまうことを指摘している．

44）　参照，2009年12月1日『朝日新聞』朝刊15面．

45）　新仕分けの特別セッション「『仕分け』を仕分ける」において，古市憲寿氏が言及している．参照，内閣府ホームページ（http://warp.da.ndl.go.jp/info:ndljp/pid/9283589/www.cao.go.jp/sasshin/shin-shiwake2012/meeting/1118/pdf/1118ssgiji.pdf，2018年8月1日閲覧）．

46）　Hughes［2012：263-265］では，業績管理（performance management）の観点から業績評価指標を整理している．

47）　参照，内閣府ホームページ（http://warp.da.ndl.go.jp/info:ndljp/pid/9283589/www.cao.go.jp/sasshin/kaigi/honkaigi/d28/pdf/s1.pdf，2018年8月1日閲覧）．

48）　竹中編［2017］では，2009年の民主党政権下で政策が大きく変わり，その後の2012年の自民党政権交代を挟んでもなお，継続された政策事例が多いことを指摘している．なお，評価と政治の関係については，例えばHatry［1999：邦訳 280-282］を参照．

第7章 独立行政法人通則法改正と研究開発力の強化

　これまでみてきたように，2001年にスタートした独立行政法人制度は，特殊法人の独立行政法人化，官製談合事件等による独立行政法人の社会的問題，そして自民党，民主党，再び自民党へと政権が交代したことを背景に，度重なる独立行政法人改革が実施されてきた．そして，現在の第二次安倍政権の下，独立行政法人の機能を最大限発揮させるため，2014年にようやく改正通則法が成立したものである．

　他方，改正通則法で新たに規定された「研究開発法人」への制度的枠組みについては，研究開発力の強化に資するため，これまでの独立行政法人制度の見直しとは異なる展開を経て，改革の俎上に載せられたものである．そこで本章では，研究開発法人に着目して，独立行政法人制度と研究開発力の強化について考察する[1]．

1．独立行政法人制度の再考

（1）独立行政法人制度と特殊法人問題

　独立行政法人制度の創設の議論は，1996年10月の衆議院議員総選挙の際に英国のエージェンシー制度の導入を自民党が唱えたのが発端になった［独立行政法人制度研究会編 2015：381］．この背景には，自民党が臨時行政調査会時代に着手できなかった中央省庁再編に関して，省庁の半減を総選挙の公約として掲げたことに対して，省庁の仕事を軽減する仕組みづくりとしての意図があった

［増島 1999：2・17］．具体的には，省庁の機能に応じて整理し，その数を現在の半分程度を目標に削減すること，また省庁の執行部門をエージェンシー化して効率的な行政システムを実現することであった［岡本 2008：16］[2]．すなわち，各省庁の業務を企画と執行とに分離し，執行部門を独立行政法人が担うというものである．この展開から，中央省庁再編に呼応して独立行政法人制度が議論されたことがわかる．

　独立行政法人制度の創設を提言した行政改革会議では，主に① 職員の身分，② 評価の仕組み，③ 対象業務の3点から議論が進められた[3]．このうち，①については，公務員としての身分を付与したまま独立行政法人化するかどうか，③においては，どの業務を独立行政法人の対象とするか，というものであった．また②については，各府省レベルと全政府レベルでそれぞれに評価機関を設置すること，これに関する客観性・中立性を担保する方策をとることが合意された［独立行政法人制度研究会編 2015：383］．この結果，1997年12月の行政改革会議『最終報告』では，「独立行政法人の評価の客観性を担保し，恣意性を極力排除するため，総務省に置かれる全政府レベルの評価機関と各省に置かれる評価機関を設置する」と提言されている[4]．また，評価機関の組織については，専門的，実践的な知見を重視するとともに，客観性，中立性を担保できる体制とすべく，外部有識者を任命したり，評価を担当する部署に事務局を置いたりすることが明記された．このような評価システムの構築が独立行政法人制度の特徴の1つであった．

　また，わが国独自の背景としては，特殊法人が有していた問題がある．この問題は，大きく次の4点をあげることができる[5]．第1は，目標の管理や業務を測定する評価システムが整備されておらず，組織や業務の非効率性が問題視されていたことである．第2は，主務大臣による強い事前統制によって，組織の自律性・自主性が欠如し，組織の経営責任が不明確であったことである．第3は，情報の公開が不十分であったため，組織の経営内容が不透明であったことである．そして，第4にはこれらを規定する共通のルールが存在しなかったこ

とである．自民党の行政改革推進本部においても，一時的かつ限定的な政策遂行のために設立された特殊法人については，サンセット方式の確実な履行を求める反面，長期的かつ継続的な政策を遂行するために設立された特殊法人についても，ディスクロージャーを徹底させるとともに，その政策の当否をより監視できるようにすべきと提言している[6]．

　これらの問題点に対して，独立行政法人制度は，① 外部（各府省，総務省）の第三者機関である府省委員会と政独委員会による業務実績評価を実施，② 法人の長に計画と実施の幅広い裁量権を付与，③ 目標・計画と財務諸表の公表を義務づけ，④ 通則法にもとづく目標や評価等の共通ルールを策定，以上の4点を導入したものである．このように，独立行政法人は特殊法人に対するアンチテーゼとして登場してきたという指摘もある［岡本 2008：iii］．そのため，独立行政法人制度研究会編［2015：394］が指摘しているように，国の対象業務を独立行政法人に移行させるのとは異なり，特殊法人は多種多様な事業を実施しているため，その事業に対する政府の関与のあり方，事業の規模，国の予算措置の手法は一様ではない．

　他方，独立行政法人は，業務実績評価を実施し，中期目標期間単位で見直しをおこなうという統一的な評価制度を適用しており，法人個々の異なる特性を必ずしも反映していない［縣 2014：7］．このように，組織構造の異なる特殊法人が2003年以降に独立行政法人に移行していったことと，後述する運用上の課題が表面化したこととは，必ずしも無関係ではないのである．

　また，ここで看過できないことは，特殊法人から移行した独立行政法人のうち，研究開発型の法人が少なからず存在していたということである[7]．実際，政独委員会の独立行政法人評価分科会では，2003年度の業務実績に関する評価結果に関する二次評価の実施に先立ち，法人の業務類型に着目し，横断的に検討・整理をおこなうため，2004年に「研究開発関係法人の評価方法の在り方に関する研究会」等が開催されていたのである[8]．

（2）運用上の課題と独立行政法人評価

実際，独立行政法人制度を運用しているうちに，次の4つの主な問題が明らかになってきた[9]．以下，それぞれ，当初の制度設計との対比で述べていく．

〈1〉目標と評価の問題

主務大臣は中期目標を定め，これを独立行政法人に指示し[10]，第三者機関である府省委員会と政独委員会が業績評価をおこなう仕組みであったが[11]，① 中期目標は明確でないため，事後の中期目標の達成の成否を検証できず，適切な経営管理ができていない，② 社会的問題を起こした独立行政法人にも高い評価がおこなわれる等，業績評価の実効性が欠けている，③ 主務大臣は業績評価に直接関与せず，政策責任を果たすことができていない．

〈2〉組織規律の問題

独立行政法人の長には幅広い裁量権が付与され，監事は監査を通じて法人の長及び主務大臣に意見を具申できるものの，① 主務大臣による独立行政法人のガバナンスが不十分であり，不適切・非効率な事務・事業の中止・改善への関与に限界がある，② 監事の権限が不明確であり，内部から自律的に無駄を排除する仕組みが不十分となっている．

〈3〉財政規律の問題

独立行政法人には弾力的な財政運営をおこなうため，使途の内訳を特定せず，柔軟に使用できる運営費交付金が措置されており，効率的な業務運営をおこなうインセンティブとして，剰余金のうち経営努力として認定された額を目的積立金として使用可能となっている．また，国が人件費総額を押さえつつ，各独立行政法人が給与基準を策定し公表している．しかし，① 運営費交付金をどの事務・事業にいくら充てたのかが不明である，② 厳しい規律の運用により，経費の節減や自己収入の増加を図るインセンティブが働かない，③ 国家公務員よりも明らかに高い給与水準の法人が存在している，④ 業績評価を踏まえた給与への反映が不十分となっている．

〈4〉 類型化の問題

　通則法においては，目標・評価，組織規律，財務規律の横断的・統一的な共通ルールを導入し，各独立行政法人の個別設置法により法人の業務の特性に応じた固有のルールを規定する仕組みであったが，① 多様な法人全てを一律の共通ルールにはめ込み，政策実施機能が十分に発揮できていない，② 業務の特性に着目した類型ごとのガバナンスが欠如している.

　これらの問題から読み解くことができる独立行政法人評価に関する論点は，次のとおりである．制度的には，独立行政法人の活動を外部の第三者機関が評価する仕組みを通じて，その活動の合理性が確保されることになっていた［岡本 2008：82］．一方で，独立行政法人制度研究会編［2015：43］は，政策の責任主体である主務大臣が目標を策定するものの，自ら評価を実施せず，また独立行政法人の改善のための直接的な手段を有していないことから，政策に対する責任を果たすことができていないと指摘している．確かに，府省委員会本体と独立行政法人評価の実際を担う府省委員会の分科会との関係，あるいは政独委員会を含む多層的な評価構造の中で，各独立行政法人の組織や業務の実態が評価を通じて十分に明らかにされ，共有されているとは言い難いという意見も一理ある.[12]

　そこで，改正通則法では，主務大臣の下での政策の PDCA サイクルを強化する観点から，評価の主体を主務大臣に改めたことにより，評価の客観性と厳格性の向上を図ることが期待されている．それでも，外山［2014：142］が指摘しているように，独立行政法人に対しては，主務大臣からのより具体的な目標設定と厳しい評価がおこなわれるため，民営化された場合のような自主性や自律性を欠きつつも，民営化されたときと同じような経済的効率性の向上を図ることが求められる可能性が一層高まっていくおそれがある．既述のとおり，主務大臣による強い事前統制によって，組織の自律性・自主性が欠如し，組織の経営責任が不明確であったという特殊法人の問題の1つに対処することが，独

立行政法人制度創設の一因であったことを改めて認識しておく必要はあると考える．その一方で，社会的問題を契機に独立行政法人改革がおこなわれるという事実も無視することはできない．以下に述べるように，研究開発力の強化もこうした時流にあわせて検討されてきたからである．

＋ 2．独立行政法人改革と研究開発力強化の展開

（1）自民党政権下における独立行政法人改革と研究開発力強化

　第5章で述べたとおり，2007年4月に発覚した独立行政法人の官製談合事件等を契機に，第一次安倍政権はすべての独立行政法人に対して見直しをおこなった．同年12月に閣議決定された独立行政法人整理合理化計画では，融合効果の見込める研究開発型の独立行政法人の統合による法人数の削減といった個別の見直しだけでなく，問題となっていた内部統制やガバナンスの強化に向けた体制整備といった横断的事項の見直しも盛り込まれた．これを踏まえて，2008年4月には，通則法改正法案（2008年法案）が国会に提出された．以下，既述の4つの論点にそって説明していく．

　まず，目標と評価については，府省委員会を廃止し，総務省に独立行政法人の評価機能を一元化すること，また内閣によるガバナンスを強化することであった．次の組織規律は，独立行政法人の長と監事について公募を原則実施すること，役職員の再就職を規制すること，監事と会計監査人の権限を強化し，内部統制システムを業務方法書の記載事項として義務づけること，監事に任期を基本4年に延長することであった．財政規律に関しては，不要財産の処分義務を規定するとともに，処分計画の中期計画への記載を義務づけたことであった．そして，類型化については「独立行政法人整理合理化計画の策定に係る基本方針」の過程において，業務の類型別の視点の1つとして研究開発型が分類されていたものの，2008年法案では，特定独立行政法人以外の法人を非特定独立行政法人に改称する程度の改正であった．ただし，2008年法案は，2009年7月

の衆議院解散のため，審議未了のまま廃案となった．

翻って，宇宙航空研究開発機構等の研究開発型の独立行政法人についても，国から移行した事務・事業をおこなう法人と一律的な制度的枠組みが課されることになったため，独立行政法人制度が研究開発の成果を最大化することには馴染まず，法人の国際競争力を失う要因となっているのではないかという指摘が強まった[14]．また，研究開発型の独立行政法人に限ったことではないものの，予算の単年度主義，国の資金による研究開発をおこなう際の収益の取り扱いの制約も指摘されていた［森田 2012：141］．

そこで，2008年には，研究開発システムの改革をおこなうことによって，わが国全体の研究開発力を強化し，イノベーションの創出を図り，我が国の競争力を強化することを目的とした「研究開発システムの改革の推進等による研究開発能力の強化及び研究開発等の効率的推進等に関する法律」（2008年法律第63号，いわゆる「研究開発力強化法」）が議員立法によって成立した[15]．研究開発力強化法により，研究開発型の独立行政法人が「研究開発法人」として定義され，独立行政法人改革と研究開発力強化との接近の源流となった．また，研究開発力強化法の附則においては，施行後3年以内（2011年10月まで）に見直しをおこなうこととされており，次の民主党政権下において「研究開発を担う法人の機能強化検討チーム」が設けられる契機となった[16]．

（2）民主党政権下における独立行政法人改革と研究開発力強化

2009年8月の衆議院議員総選挙の結果，民主党への政権交代が実現し，事業仕分けを経て，改めて独立行政法人改革がおこなわれた．2010年5月には，不要となった独立行政法人財産の国庫納付を義務づけること等を規定した通則法が改正され，また同年12月には「独立行政法人の事務・事業の見直しの基本方針」が閣議決定されているが，本章の文脈から，より重要であるのは上記「研究開発を担う法人の機能強化検討チーム」での議論，2012年1月の「独立行政法人の制度及び組織の見直しの基本方針」，そしてこれを踏まえて同年5月に

国会に提出された通則法改正法案（以下，「2012年法案」という）である．

　最初の「研究開発を担う法人の機能強化検討チーム」においては，独立行政法人制度とは別の国立研究開発機関制度を新たに創設することを議論していたが，次の「独立行政法人の制度及び組織の見直しの基本方針」では，独立行政法人制度の枠内として，主務大臣が設定した成果目標を達成することが求められる「成果目標達成法人」（法案上は「中期目標行政法人」）と，確実かつ正確な執行に重点を置いて事務・事業をおこなう「行政執行法人」との類型化が示された．ここでは，成果目標達成法人のなかから研究開発型を取り上げ，成果重視の実践的な評価をおこなう反面，業務全般の点検等は，その他の独立行政法人と同様に対応することとしていた[17]．しかし，2012年法案では，研究開発型に限って「国立研究開発行政法人」の名称の使用を規定し，通則法内に新たな研究開発に関する類型を創設している．また，5年を上限とする中期目標についても，長期性，不確実性，予見不可能性，専門性といった研究開発の特性を踏まえて7年と差別化している．また，2012年法案では，研究開発に関する審議会を設置し，この委員に外国人を任命できることと，研究開発の特性を踏まえた目標の設定や評価の実施にこの審議会だけでなく，政府の総合科学技術会議も関与することが規定された．以上のことから，2012年法案では，研究開発の特性を踏まえた制度設計が初めて企図されたことがわかる[18]．

　類型化以外の論点としては，まず目標と評価について，独立行政法人の自己評価を経た後に評価する主体を主務大臣とし，主務大臣がおこなう評価を総務省に置かれる第三者機関が点検するとともに，その目標・評価の指針を総務大臣が策定することであった．組織規律に関しては，すべての独立行政法人の役員について公募を原則実施し，法人の長と監事の任期を中期目標期間と連動させた．また，違法行為に対する是正命令，著しく不適切な業務運営に対する改善命令を独立行政法人に対して行えるようにするとともに，法人の役員の職務忠実義務や損害賠償責任を明らかにした．財政規律については，運営費交付金が貴重な財源で賄われるものであることに留意し，適切かつ効率的に使用する

責務を明確化した．そして，独立行政法人を「行政法人」に改称しようとした
こと自体，ある意味，国に従属的な印象を与える法案であった．ただし，この
民主党による2012年法案も，2012年11月の衆議院解散のため，審議未了のまま
廃案となった．

（3）第二次安倍政権における独立行政法人改革と研究開発力強化

　2012年12月には再び自民党に政権が交代し，2013年には第二次安倍政権の下，
独立行政法人改革と研究開発力強化に係る検討がおこなわれた．前者について
は，専門的かつ実務的な視点からの検討が必要であったことから，同年2月に
「独立行政法人改革に関する有識者懇談会」が立ち上がり，同年6月に「独立
行政法人改革に関する中間とりまとめ」を発表した[19]．その後，政府の行政改革
推進会議が立ち上げた「独立行政法人改革等に関する分科会」に舞台を移し，
同年12月には「独立行政法人改革等に関する基本的な方針について」（以下，
「改革基本方針」という）が閣議決定された[20]．後者は，2013年6月に政府が定めた
「科学技術イノベーション総合戦略」において，研究開発法人については，研
究開発の特性を十分に踏まえた法人制度の改革が必要という指摘を踏まえて[21]，
同年9月に「新たな研究開発法人制度創設に関する有識者懇談会」が設けられ
た．この懇談会は，新たな研究開発法人制度の具体的制度設計について検討を
おこない，同年11月の「成長戦略のための新たな研究開発法人制度について
（新たな研究開発法人制度創設に関する有識者懇談会報告書）」（以下，「研究開発報告書」と
いう）を取りまとめた[22]．また，これを踏まえて同年12月に改正研究開発力強化
法が成立した．

　上記の改革基本方針と研究開発報告書を踏まえて，2014年6月にはようやく
改正通則法の成立に至ったが，その制度設計は民主党政権の2012年法案がもと
となっている．例えば，中期の目標管理により事務・事業をおこなう「中期目
標管理法人」と，単年度の目標管理により事務・事業をおこなう「行政執行法
人」に加えて，研究開発型を「国立研究開発法人」として法人化することを定

表7‐1　独立行政法人改革と研究開発力強化の経緯

年	内　　　容	政　権
2001年	独立行政法人制度発足	自民党政権
2003年～	特殊法人が独立行政法人化	
2007年	独立行政法人をめぐる官製談合事件発覚	
	独立行政法人整理合理化計画策定	
2008年	研究開発力強化法成立	
	通則法改正法案（2008年法案）提出→2009年廃案	
2009年	事業仕分け開始	民主党政権
2010年	通則法の改正（不要となった財産の国庫納付を義務づけ）	
	独立行政法人の事務・事業の見直しの基本方針	
2012年	独立行政法人の制度及び組織の見直しの基本方針	
	通則法改正法案（2012年法案）提出→同年廃案	
2013年	独立行政法人改革等に関する基本的な方針について	第二次安倍政権
	成長戦略のための新たな研究開発法人制度について（新たな研究開発法人制度創設に関する有識者懇談会報告書）	
	改正研究開発力強化法成立	
2014年	改正通則法成立	
2015年	改正通則法施行	
2016年	特定国立研究開発法人による研究開発等の促進に関する特別措置法成立・施行	

出典：「研究開発法人に関する制度改革の経緯」（http://www.mext.go.jp/b_menu/shingi/kokurituken/002/shiryo/__icsFiles/afieldfile/2015/06/18/1358925_3_1.pdf，2018年8月1日閲覧），「独立行政法人改革の経緯及び直近の取組状況について」（http://www.kantei.go.jp/jp/singi/gskaigi/kaikaku/dai1/siryou2-1.pdf，2018年8月1日閲覧）をもとに筆者作成．

めている．また，この国立研究開発法人においては5年から7年の中長期目標期間を定めることを規定している．しかし，その内容は2012年法案の系譜に連なるものである．もちろん，すべてがそのまま改正通則法に反映したわけではなく，例えば2012年法案では，すべての役員を原則公募対象としていたものの，改正通則法では法人の長と監事についてのみ公募する方向に揺り戻しがおこなわれている．[23]

さらに，2016年には，国立研究開発法人のうち，研究開発の実績と体制から世界トップレベルの成果の創出が相当程度見込まれる法人を，「特定国立研究

第 7 章　独立行政法人通則法改正と研究開発力の強化　*187*

表 7 - 2　独立行政法人通則法の改正の展開

項目	当初通則法	2008年法案	2012年法案	改正通則法
目標と評価	・第三者機関（各府省の独立行政法人評価委員会，総務省の政策評価・独立行政法人評価委員会）が評価	・評価主体を総務省に置かれる第三者機関（独立行政法人評価委員会）に一元化（各府省の独立行政法人評価委員会，総務省の政策評価・独立行政法人評価委員会は廃止） ・第三者機関は法人の長等の解任を勧告	・評価主体を主務大臣とし，主務大臣がおこなう評価を総務省に置かれる第三者機関（行政法人評価制度委員会）が点検 ・目標・評価の指針を総務大臣が策定（第三者機関が点検）	・評価主体を主務大臣とし，主務大臣がおこなう評価を総務省に置かれる第三者機関（独立行政法人評価制度委員会）が点検 ・総合科学技術会議が作成する研究開発に関する指針案の内容を総務大臣が適切に反映
組織規律	・法人の長に幅広い裁量権を付与し，監事は監査を通じて法人の長及び主務大臣に意見を具申 ・法人の長と監事の任期は個別法に委ねる	・法人の長と監事について公募を原則実施 ・役職員の再就職規制（密接関係法人等に対する再就職斡旋を原則禁止） ・監事と会計監査人の権限強化，内部統制システムを業務方法書の記載事項として義務づけ ・大半の個別法においては 2 年となっている監事の任期を基本 4 年に延長（法人の長の任期は個別法に委ねる）	・すべての役員について公募を原則実施 ・法人の長と監事の任期を中期目標期間と連動 ・国の関与の強化（違法行為に対する是正命令，著しく不適切な業務運営に対する改善命令） ・役員の職務忠実義務，損害賠償責任を明記	・法人の長と監事について公募を原則実施
財政規律	・弾力的な財政運営をおこなうため，使途の内訳を特定せず，柔軟に使用できる運営費交付金を措置 ・剰余金のうち経営努力として認定された額を目的積立金として使用可能 ・国が人件費総額を中期計画において関与しつつ，各法人が給与基準を策定・公表	・不要財産の処分義務を規定するとともに，処分計画の中期計画への記載を義務づけ ・国費で取得した不要財産の国庫納付を義務づけ，国庫返納にともなう減資等について規定（民間出資等で取得した不要財産の払戻しについても規定）	・運営費交付金が貴重な財源で賄われるものであることに留意し，適切かつ効率的に使用する責務を明記 ・役員報酬の額は，内閣総理大臣が定める（その額を超えてはならないことを規定）	・役員報酬の基準は，国家公務員の給与，民間企業の役員の報酬等を考慮
類型化	・特定独立行政法人（公務員型）と特定独立行政法人以外の法人に分類	・特定独立行政法人以外の法人を非特定独立行政法人に改称	・独立行政法人を行政法人に改称 ・目標期間が 3 年から 5 年の中期目標行政法人と単年度の行政執行法人（公務員型）に分類 ・中期目標行政法人のうち，国立研究開発行政法人については，研究開発の特性に配慮（目標期間の上限を 7 年，各府省に研究開発に関する審議会を設置）	・中期目標管理法人，国立研究開発法人，行政執行法人（公務員型）に分類 ・国立研究開発法人の目標期間は 5 年から 7 年の範囲内

出典：「独立行政法人改革のこれまでの経緯と現状について」（http://www.cas.go.jp/jp/seisaku/doppou_kaikaku/dai1/siryou3-1.pdf, 2018年 8 月 1 日閲覧），独立行政法人制度研究会編［2004；2015］をもとに筆者作成。なお，表の煩雑さを避けるため，重複している改正内容については原則省略している。

開発法人」として指定する特別措置法が成立した．この特定国立研究開発法人
は，研究開発の自由度が高まる一方で，目標と評価に関して，総合科学技術会
議の関与が一層強まっているのが特徴である．

　これまで論じた独立行政法人改革と研究開発力強化の展開をまとめたものが
表7‐1である．また，既述の4つの論点から，現在の改正通則法までの展開
を整理すると表7‐2のとおりとなる．

╂　3．研究開発力強化の接近と分離

（1）改革基本方針の観点から

　では，改革基本方針と研究開発報告書を通じた研究開発力の強化とはどのよ
うなものであったか．要点の多くは，改正通則法と類似しているため，ここで
は研究開発に特化して論じたい．

　改革基本方針では，研究開発法人についても，そうでない独立行政法人と同
様の目標と評価という枠組みが最適としており，2012年法案の考え方に沿った
ものといえる．他方，研究開発の特性を踏まえると，例えば目標期間について，
特に長期的な研究開発プロジェクトを踏まえた形での設定を可能とし，また研
究開発における事務・事業の専門性を加味した目標と評価を必要としている．
こうした点に鑑み，研究開発法人については，通則法の下，中期目標管理型お
よび単年度管理型の法人とは異なる類型の独立行政法人として位置づけること
を提言している．この点も2012年法案と類似しているものの，他の2つの法人
とは違う類型の独立行政法人であることを明確化していることが特徴である．
この明確化の要諦は，「効率的かつ効果的」という独立行政法人制度における
所期の理念の下，「研究開発成果の最大化」の達成が研究開発法人の第一の目
的となることである．[24]

　そのため，研究開発法人は，大学や民間企業が困難な課題に取り組む組織で
あることを明示するため，国立研究開発法人という名称を付したうえで，「研

究開発成果の最大化」がこの法人の目的であることを明らかにすることにした
ものである．改正通則法においても，中期目標管理法人が中期目標に定める事
項の１つは，「国民に対して提供するサービス」であるのに対して，国立研究
開発法人のそれは，「研究開発成果の最大化」と規定されている．そのかわり，
研究開発における目標と評価については，総合科学技術会議が研究領域の特性
や国際的な水準を踏まえた指針を策定する．また，主務大臣の下に設置される
研究開発に関する審議会は，科学的な知見や国際的な水準に即した助言をおこ
ない，必要に応じて外国人有識者を委員とすることも可能としている．

　研究開発法人の中期目標期間は，2012年法案と同様，最大７年であるが，５
年から７年の「中長期目標」という新たな期間が設けられている．この目標の
設定については，総務大臣が別途，指針を策定することになっているが，研究
開発法人については，定量的な達成目標を設定することが馴染まない場合もあ
り，課題解決型の目標——課題の解決によるアウトカム創出への寄与や貢献を
目指す目標——設定も可能としている．その他，報酬や給与の差別化，物品や
役務調達における入札手続きの弾力化，自己収入の取扱い，目標期間を超える
繰越しの柔軟化等があげられている．そして，すでに述べたとおり，研究開発
法人のうち，世界トップレベルの成果を生み出すことが期待される法人を特定
国立研究開発法人として位置づけ，総合科学技術会議の関与をより強めること
にしている．このように，研究開発法人のなかにおいても差別化を図っている
のが特徴である．

（２）研究開発報告書の観点から

　研究開発報告書については，国立研究開発法人という名称，研究開発成果の
最大化，総合科学技術会議や外国人有識者の関与，より長期の目標期間，そし
てアウトカムの達成を意識した課題解決型の目標等，改革基本方針と重なって
いる部分が多いものの，研究開発報告書では研究開発法人の必要性をより強調
している[25]．例えば研究開発型の独立行政法人については，効率的・効果的な事

務・事業の実施を目的とする既存の独立行政法人制度と，目標設定や評価の手法，主務大臣の関与のあり方等，制度の根幹に関わる部分が馴染まないとしている．具体的には，既存の独立行政法人制度は主として定型的な業務を効率的・効果的に実施することを主眼とし，定量的な目標設定とその達成度の測定をおこない，主務大臣の関与は極力抑制しているのに対して，研究開発の目標と評価は，研究開発の特性から明確な客観的評価が困難であるにもかかわらず，研究開発型の独立行政法人についても同じ制度を適用してしまったこと自体が問題であるとしている．

　また，研究開発報告書では，研究開発の特性を踏まえた運用に改善すべく，独立行政法人制度の創設以来10年以上の努力が払われたものの，現場からは抜本的改革を求める声が絶えないと批判している．そのため，「世界で最もイノベーションに適した国」を創るためには，独立行政法人制度を前提として，どのように特例規定を設けるかという対応ではなく，投入予算に対して最大の成果を得ることを可能とする，独立行政法人制度とは異なる新たな法制度を創設すべきと結論づけている．つまり，インプットをいかに減らすかではなく，インプットが一定でもアウトプットをいかに大きくしていくかという視点が必要であるという観点から，新たなマネジメントシステムの構築を求めているのである．

　しかしながら，研究開発のマネジメントが一般的なそれと様相を異にしていることは，以前からも指摘されてきたことではないか．例えば，中堀［1999：26］は，研究開発の成果指標がいまだに普遍性をもたないこと，また研究開発自体が特殊な業務であり，かつ外部とのチャンネルも十分でないため，組織毎に閉鎖した形になっていることを要因としてあげている．このような研究開発の特性を踏まえたうえでの制度設計ではあったものの，研究開発法人の目標と評価については，それ以外の独立行政法人の目標・評価と交錯している．研究開発報告書では，従来型の評価が重畳的であり，どちらかというと減点主義の評価がおこなわれているのに対して，研究開発の評価は合理的であり，研究開

発を促進するポジティブな側面を持つことが重要であると述べているが，ある意味，皮肉であると考える．確かに，研究開発力の強化という改革の方向性は世界的に共通するものである．しかし，問題はその運用である．例えば，政府の総合科学技術会議による関与の強化が強調されているが，これがかえって研究開発法人の裁量を削ぐことにならないか．実際，同じく総合科学技術会議が関わっている内閣府の「革新的研究開発推進プログラム」においては，現場に細かく口出しするという運営に対する批判がある[26]．

　また，今回の改正通則法によって，従来の独立行政法人評価の慣習から脱却できるようになるか，議論の余地は大きい．研究開発法人という新たな枠組みを構築したからといって，独立行政法人制度という大枠は外れていないからである．それゆえ，独立行政法人評価は，年度毎の計画，あるいは中期的な目標・計画への対応に追われており，長期的，不確実的，予見不可能的，専門的な研究開発に対する目標・計画に立脚して推進されていないのが現状ではないだろうか[27]．研究開発は，ある程度の失敗があるという前提のもとでの評価となり，確実性や予見可能性の埒外にあるからこそ，偶発的な結果や成果を生み出す可能性は否定できないのである．

　さらに，研究開発ではアウトカムを指向した評価が求められているものの，評価をアウトプットとアウトカムの二項的なものとして議論されがちである．しかし，そもそもアウトプットまたはアウトカムを論じる以前の論点が残っていることを忘れてはならない．例えばアウトカムには，短期アウトカム，中間アウトカム，最終アウトカムといった時間的な要素がある．そのため，最終アウトカムでは単年度ベースの評価が困難であり，個別の事務・事業を所管する部局との乖離を意味するアウトカムの断片化（fragmentation）問題が発生する［南島 2018：190］．また，アウトカムには，研究開発者が直接的に寄与をする直接アウトカムと，研究開発の目的には沿っているものの研究開発者の寄与が間接的である間接アウトカムがある[28]．

　以上，本章では，改正通則法で新たに制度設計された研究開発法人について

考察をおこなった結果，研究開発力の強化が政治主導で独立行政法人改革に接近する一方で，研究開発法人という類型化により，研究開発の特性を踏まえて分離されていることを明らかにした．結果としては，接近と分離の折衷的な改正通則法の枠組みとなったが，研究開発法人については，従来の独立行政法人とは別の目標と評価の観点を取り入れられている．また，研究開発力の強化にともない，マネジメントの評価である独立行政法人評価とプロジェクトの評価である研究開発評価がどのように絡んでいくか，いくつかの問題がかえって顕在化していることを指摘した．

注

1） 中期目標管理型の独立行政法人においても研究開発を担う法人が存在するものの，本書では捨象している．なお，法人の類型と業務の形態について整理したものとしては，例えば森田［2017］を参照．

2） 岡本［2008：15-16］が指摘しているように，1996年6月の「橋本行革の基本方向について」では，エージェンシー化という記述はないものの，「事前統制型行政から事後チェック型行政への転換」と「中央官庁の政策立案部門と制度執行部門との間に適切な距離を設けること」が説明されており，同年10月の衆議院議員総選挙の前から独立行政法人の制度的な検討がおこなわれていたという考え方もある．参照，自民党行政改革推進本部ホームページ（http://gyoukaku.jimin.jp/activity/doc/107676.doc，2018年8月1日閲覧）．

3） 英国のエージェンシーは，かつて次の6つの観点から政府との関係を整理していた［Lane 2009：邦訳 80］．① 国会制定法による設立，② 政府による資金援助，③ 法人のトップを大臣により任命，④ スタッフは非公務員として外部の理事会または委員会により雇用，⑤ 年次決算書を大臣に提出し，議会にも提示，⑥ 年次報告書の発行．

4） 参照，首相官邸ホームページ（https://www.kantei.go.jp/jp/gyokaku/report-final/IV.html，2018年8月1日閲覧）．

5） 参照，内閣官房ホームページ（http://www.cas.go.jp/jp/seisaku/doppou_kaikaku/dai1/siryou3-1.pdf，2018年12月9日閲覧）．

6） 上記の「橋本行革の基本方向について」を参照．

7） 2013年10月1日現在の法人数にもとづいている．参照，首相官邸ホームページ（https://www.kantei.go.jp/jp/singi/gskaigi/kaikaku/wg1/dai5/siryou2_1.pdf，2018年8月1日閲覧）．また，2004年6月の「骨太方針2004」を踏まえた「平成17年度末まで

第7章　独立行政法人通則法改正と研究開発力の強化　*193*

に中期目標期間が終了する独立行政法人の見直しについて」にもとづき，研究開発を
おこなう多くの独立行政法人は非公務員化されている．この詳細は，首相官邸ホーム
ページ（http://www.kantei.go.jp/jp/singi/gyokaku/kettei/051224dokuhou_s.pdf,
2018年8月1日閲覧）を参照.

8）　本研究会を含む横断的研究会の報告書（2004年6月30日）は，2018年8月1日現在，
ホームページで確認できなくなっているが，「独立行政法人評価年報（平成15年度版）
（PDF）」では，研究開発に関して次の2点を示している.

　　①　委託・受託，共同研究等の実情，人材の有効利用，共通管理業務の効率化等の
　　　　観点から，他機関の事務・事業と一体化する必要がないか
　　②　公務員が担当した場合，産学官連携，研究者の流動化等の観点から支障が生じ
　　　　ないか

　　なお，本研究会における対象法人があげられているものの，法人の業務の規模，特
性等により主に検討の対象としたものであり，研究開発の類型に該当する法人を網羅
的にあげたものではないと説明されている．詳細は，総務省ホームページ（http://
www.soumu.go.jp/main_content/000071708.pdf, 2018年8月1日閲覧）を参照.

9）　参照，総務省ホームページ（http://www.soumu.go.jp/main_content/000228265.pdf,
2018年8月1日閲覧）.

10）　「指示」とは，ある機関が関係する機関に対して，方針や基準等を示し，これらを実
施させることを意味する［独立行政法人制度研究会編 2004：54］.

11）　2014年まで存在していた政独委員会が総務省に設置されたのは，当時の総務庁の行
政監察機能（現在の行政評価・監視機能）に着目し，基本的な制度の管理と運営を通
じた行政の総合的かつ効率的な実施の確保を総務省の任務の1つとしている実態を踏
まえたものである［独立行政法人制度研究会編 2015：42］.

12）　参照，経済同友会ホームページ（https://www.doyukai.or.jp/policyproposals/arti
cles/2007/pdf/071121a.pdf, 2018年8月1日閲覧）.

13）　参照，総務省ホームページ（http://www.soumu.go.jp/main_content/000378897.pdf,
2018年8月1日閲覧）.

14）　参照，文部科学省ホームページ（http://www.mext.go.jp/b_menu/shingi/kokuri
tuken/002/shiryo/__icsFiles/afieldfile/2015/06/18/1358925_3_1.pdf, 2018年8月1日
閲覧）．詳しくは，後述の「新たな研究開発法人制度創設に関する有識者懇談会報告
書」を参照.

15）　研究開発力強化法において，「研究開発システム」とは，「研究開発等の推進のため
の基盤が整備され，科学技術に関する予算，人材その他の科学技術の振興に必要な資
源が投入されるとともに，研究開発が行なわれ，その成果の普及及び実用化が図られ

るまでの仕組み全般」をいう．また「イノベーションの創出」とは，「新商品の開発又
は生産，新役務の開発又は提供，商品の新たな生産又は販売の方式の導入，役務の新
たな提供の方式の導入，新たな経営管理方法の導入等を通じて新たな価値を生み出し，
経済社会の大きな変化を創出すること」と規定されている．なお，研究開発力強化法
におけるイノベーションの定義の背景については下田［2012：87］を参照．

16) 参照，文部科学省ホームページ（http://www.mext.go.jp/a_menu/kagaku/kinou
kyouka/1292827.htm，2018年8月18日閲覧）．

17) 参照，総務省ホームページ（http://www.soumu.go.jp/main_content/000150934.pdf,
2018年8月1日閲覧）．

18) 研究開発型に限って，「国立」という名称を利用するのは，当該組織が国の機関の一
部であることを明示することで，諸外国や外国人研究者からの信頼を得ることを図っ
ていると解されている．参照，文部科学省ホームページ（http://www.mext.go.jp/b_
menu/shingi/gijyutu/gijyutu0/shiryo/__icsFiles/afieldfile/2012/09/11/1325213_9. pdf,
2018年8月1日閲覧）．

19) 参照，内閣官房ホームページ（https://www.cas.go.jp/jp/seisaku/doppou_kaikaku/
matome.pdf，2018年8月1日閲覧）．

20) 参照，首相官邸ホームページ（https://www.kantei.go.jp/jp/singi/gskaigi/pdf/
sankou-k3.pdf，2018年8月1日閲覧）．

21) 参照，内閣府ホームページ（http://www8.cao.go.jp/cstp/sogosenryaku/2013/hon
bun.pdf，2018年8月1日閲覧）．

22) 同上（http://www8.cao.go.jp/cstp/gaiyo/kenkyu/siryou/siryo1-2-1.pdf，2018年10
月23日閲覧）．

23) 役員公募についてなぜ揺り戻しがおこなわれたかは，国会でも議論になっている．
詳細は，2014年5月29日参議院・内閣委員会の会議録 第18号（http://kokkai.ndl.go.
jp/SENTAKU/sangiin/186/0058/18605290058018a.html，2018年10月23日閲覧）を参
照．

24) 2014年9月の「独立行政法人の目標の策定に関する指針」において，「研究開発成果
の最大化」とは，「国民の生活，経済，文化の健全な発展その他の公益に資する研究開
発成果の創出を国全体として『最大化』すること」と定義されている．詳細は，総務
省ホームページ（http://www.soumu.go.jp/main_content/000311662.pdf，2018年8月
1日閲覧）を参照．

25) 研究開発報告書では，国際比較から日本の科学技術は劣っており，新たな制度構築
の必要性を説いているが，このレトリックは苅谷［2017：199-202］が分析している国
際的な「遅れ」を危機と考える問題意識の構築と政策課題の発現に関するロジックに
相通じるものがあり，興味深い．

26) 参照，2018年4月16日『日本経済新聞』朝刊9面．

27) 例えば，改正通則法では，評価主体が主務大臣となっているが，その評価に関する有識者の助言は否定されていない．その結果，府省委員会は廃止されているものの，有識者会議という枠組みで存続している場合がある．

28) 詳細は，内閣府ホームページ（http://www8.cao.go.jp/cstp/tyousakai/hyouka/wg/system/haihu03/siryo8.pdf，2018年9月28日閲覧）を参照．

終　章　NPM 型改革と統制

　本書では，NPM 型改革の実践的手法の一形態である「独立行政法人」制度
を主題としてきた．本章では，最初にこれまで論じてきた各章を要約すること
で，本書が示してきた知見を整理する．

　まず序章では，NPM から生み出された公共サービスの外部化の1つである
「エージェンシー化」に着目し，エージェンシー化，独立行政法人化および契
約化の関係について整理した．エージェンシー化と独立行政法人化は，政府内
部または政府外部という位置づけにかかわらず，部分的に市場メカニズムを取
り入れている擬似市場という観点から，業務の効率化を図ることに制度導入の
共通の目的がある．エージェンシー化と契約化については，両者の政策目的は
変わらないものの政策手段は異なり，手段の選択やその管理の適切性が問われ
る．そして，エージェンシー化は，一定の期間とコストで一連の結果を達成す
るプリンシパル（統制側）とエージェント（被統制側）の間における疑似契約と
いう点で，契約化と同根である．そして，独立行政法人化と契約化は，ともに
市場型 NPM と企業型 NPM を複合しながら展開している．このように，エー
ジェンシー化，独立行政法人化，そして契約化は，公共サービスの外部化とい
う共通の視座から関連しあうものであり，この実践によって，「独立行政法人」
制度における統制がどのように変容しているかという問題意識を序章において
示した．

　第1章においては，NPM と統制の制度設計について分析し，次の2点を明
らかにした．第1に，エージェンシー化は主務官庁と執行機関との間のリレー

ショナル・ディスタンスを拡大させ，結果として統制の多元化を惹起し，事後
的な統制が構築される分だけ統制の強化につながることである．すなわち，執
行機関は主務官庁からの要求に応えるために様々な公式的統制を甘受する傾向
がある．第2は，エージェンシー化にともない，判断基準や手続きの客観性を
図るため，従来制度化されていなかったアカウンタビリティの確保の手段が新
たに構築されることである．つまり，一般的なルールや政策の助言から，より
包括的で公式的な統制への移行がみられる．

　第2章では，独立行政法人の制度設計において参考にしたといわれる英国の
エージェンシー制度を取り上げた．この制度設計過程を政府報告書から分析し
た結果，エージェンシー化により，政府からのフレームワーク・ドキュメント
を通じた統制が引き起こされており，「管理の自由」を受ける以上に，「結果に
よる管理」が厳しく求められていること，また判断基準や手続きの客観性を確
保するため，エージェンシーに対して，より強いアカウンタビリティを求める
傾向があることを確認した．

　第3章においては，独立行政法人の制度設計過程を分析した．まず，独立行
政法人制度の創設に当たっては，国，地方そして民間との役割分担に関する視
点から，行政機能の「減量」が図られていることを説明した．また，主務大臣
は制度的に付与された権限を越えた関与を図るおそれがあり，府省委員会と政
独委員会の審議・答申等の状況や予算編成過程とのタイミングを踏まえて，独
立行政法人の見直しは前広に実施されることを明らかにした．さらに，独立行
政法人制度の理念と特殊法人改革とは，必ずしも制度的に整合的ではないこと
を指摘した．

　第4章では，日英両国において類似の機能を持つ組織の統制規準の比較検証
をおこなった．その結果，次の3点が明らかになった．第1は，目標や計画を
達成することを志向するあまり，達成のための手段そのものが目的化し，また
主務大臣の関与によって，目標設定・計画策定の裁量の余地が小さくなってい
ることである．第2に，主務大臣は，エージェンシーや独立行政法人が目標・

計画に沿って業務運営されているか，また成果を出しているかを把握する必要があり，規準に従った公式な報告の要求がエージェンシーや独立行政法人の事務作業負担の純増を招いていることである．第3は，答責相手の多元化をもたらしていることである．エージェンシーでは中央政府や議会，また独立行政法人については府省委員会や政独委員会といった多元的な答責関係が構築されている．

第5章では，評価を基軸とした統制の実態はどのようなものであったかという点に着目し，独立行政法人制度の実際の展開について考察した．その結果，業務実績評価については，表面的あるいは細部重視的な評価に陥る傾向がみられていること，また，中期目標期間終了時の見直しの際には政治的な関与を強く受けることから，相対的に業務実績評価の意義が低下していることを明らかにした．そして，中期目標期間終了時の見直しについて，特に独立行政法人の存廃は，規準に従った見直しの結果ではなく，強い政治の調整によって決定されたものであることを指摘した．

第6章では，民主党政権下において，最も政治的な影響を受けたといってよい事業仕分けと現在の自民党においても引き継がれている行政事業レビューを考察した．これらを俯瞰した結果，独立行政法人に対する政府の影響力が行使されており，独立行政法人評価の混乱に拍車をかけていることが明らかになった．また，民主党と自民党どちらの政権下においても，評価の活性化のために，政治的な影響が共通の根にあることを指摘した．

そして，第7章においては，現在の第二次安倍政権の下，独立行政法人の機能を最大限発揮させるための改正通則法と研究開発力強化の展開について取り上げた．改正通則法で新たに制度設計された研究開発法人については，研究開発力の強化が政治主導で独立行政法人改革に接近する一方で，研究開発法人という類型化により，研究開発の特性を踏まえて分離されていることを明らかにした．また，研究開発力の強化にともない，マネジメントの評価である独立行政法人評価とプロジェクトの評価である研究開発評価がどのように絡んでいく

か，いくつかの問題がかえって顕在化していることを指摘した．

　以上，本書の論究項目に沿って，その意義をまとめると次の3点をあげることができる．まず，第1は，NPMと統制の理論的枠組みを整理した結果，エージェンシー化は主務官庁と執行機関との間のリレーショナル・ディスタンスを拡大させ，結果として統制の多元化を惹起し，事後的な統制が構築される分だけ統制の強化につながること，また判断基準や手続きの客観性を図るため，従来は制度化されていなかったアカウンタビリティの確保の手段が新たに構築されるという理解を示した．第2は，日英におけるエージェンシー化の制度設計を分析し，それぞれの事例比較を行った結果，英国のエージェンシー，日本の独立行政法人どちらにおいても目標設定・計画策定の裁量を小さくし，目標・計画を定める事務作業負担の純増を招き，答責相手の多元化をもたらしていることを示唆した．第3は，独立行政法人制度の実際の展開を考察した結果，独立行政法人の存廃は規準に従った見直しによるものではなく，強い政治主導によって決定されたものであること，また民主党と自民党どちらの政権下においても，評価の活性化のために，政治的な影響を共通の根にもつこと，そして新たに制度設計された研究開発法人の枠組みについては，研究開発力の強化に資するため，これまでの独立行政法人制度の見直しとは異なる展開を経て，改革の俎上に載せられたものであり，独立行政法人制度に混乱を生じさせていることを提示した．

　次に，これまでの論点を踏まえて，NPM型改革がもたらした「独立行政法人」制度の影響に関する結論を示しておきたい．制度化という外形的な基準でみればNPMの考えは浸透しており［大住 2008：256］，エージェンシー化という新たな制度を構築したという観点から，NPM型改革は有効であったといえる．特に，エージェンシー化が組織に今まで以上の効率性を与えたことは明らかである．その一方で，エージェンシー化は必ずしも「管理の自由」を与えるものではなく，フレームワーク・ドキュメントや通則法を通じて，統制が強化されていることを制度設計の側面における事例研究から導いた．ここで重要な

点は，日英におけるエージェンシー化の制度設計の相違にもかかわらず，政府部内の統制強化とエージェンシー化の所期の目的である「管理の自由」との矛盾が共通することを確認できたことである．これを独立行政法人制度の実際の運用からみた場合，従来からの事前統制との漠然とした併用，過大な事後統制，そして政治による評価機能の混乱という課題が顕在化しており，その結果「管理の自由」は置き去りとなってしまっている．エージェンシー化の鍵である「管理の自由」については，改正通則法の施行を契機に，独立行政法人のマネジメントの一環として考慮すべきである．

　また，独立行政法人の見直しが通則法にもとづく PDCA サイクルに代わって政治的な判断でなされていることが本書で明らかになった．本来，エージェンシー制度，独立行政法人制度ともにエージェンシー化の中核を担う評価のあり方が重要となる．NPM 型改革で期待されている評価制度は，政策や組織のあり方を決定するものではなく，決定の前提となる有益な情報を形成するものだからである［宮脇・梶川 2001：42］．実際，独立行政法人の評価制度では，政策の必要性にまでさかのぼることは困難であり，これは政治の役割であるという指摘もある［櫻井 2006：25］．それゆえ，独立行政法人に対する政治化は必ずしも否定されるものではない．それでも，改正通則法成立までの長い経緯からも明らかなように，政治的に制度の方向性が決定されるという実態を看過することはできない．目先の社会や世論の動向にとらわれて，「管理の自由」そのものが機能しなくなっているおそれがあり，他律的な統制と政治的な関与との違いを混同していると考えられるからである．独立行政法人に対する世論の批判を背景に，内閣レベルの関与によって独立行政法人の廃止や統合が実施されていること，そして通則法の改正を政治的な俎上に載せてきた現状に課題があるのではないだろうか．制度の理念や設計に沿った実際の成果を得るためには，独立行政法人に対する政府の共通的な理解が必要と思われる．

　以上の点を踏まえ，本書で得られた結論の含意は，NPM 型改革が有しているもう 1 つの現実——制度を超えた統制の影響——が公共サービスの外部化に

よって明らかになったことであり，今後の「独立行政法人」制度の運用に対して一定の示唆をもたらすものと考えられる．

　最後に，本書の残された課題を述べておく．第1に，本書は筆者が訪英した2002年時点のエージェンシー制度と独立行政法人制度における統制の設計を比較したものである．それゆえ，その後のエージェンシーの展開についての考察は限定的である．実際，筆者がDEFRA訪問時に受けた説明において，DEFRA担当者は，企画立案部門と執行部門の再統合が必要であるとの見方を示していた．この再統合については，その後どのような展開になっているか把握しきれていない．Agencies and Public Bodies Team［2006］では，2018年に同名のタイトルで改訂されているが，これを踏まえた現地調査を含むフォローアップが必要であろう．また，政府から独立した機関という点において，前記改訂版でもエージェンシーとの違いが紹介されている独立性を持つ公的機関（NDPB）については，議論すべきテーマと考える．三菱UFJリサーチ＆コンサルティング［2007a：8］が指摘するように，英国のエージェンシー制度は非常に柔軟な構造であるがゆえに，その全容を捉えるのは容易ではないものの，今後の課題としたい．

　第2は，改正通則法による制度運用の実態についてである．本書では改正通則法の大枠のみの表層的な分析に留まっており，評価の実際を含めた深掘りは当然必要であろう．特に研究開発法人については，予算規模等からも社会的インパクトが大きく，独立行政法人制度の混乱を一層明らかにするために考察する必要があるものと考える．この点については，今後の研究に譲りたい．

　第3は，民営化についてである．本書では，特殊法人改革や独立行政法人改革でたびたび指摘されてきた民営化については議論の対象としていない．例えば，独立行政法人であった日本貿易保険の特殊会社化が2017年4月に実現されている．民営化にともなう統制の影響については，他の民営化案件でもしばしば指摘されていることであるが，これを整理して提示することにより，さらに発展的な見解を示すことができるものと思われる．

注

1） 参照，英国政府ホームページ（https://assets.publishing.service.gov.uk/governme
nt/uploads/system/uploads/attachment_data/file/690636/Executive_Agencies_Guid-
ance.PDF，2018年 8 月16日閲覧）.

2） 参照，日本貿易保険ホームページ（https://www.nexi.go.jp/corporate/profile/info/
index.html，2018年 8 月17日閲覧）.

あ　と　が　き

　本書は，2011年3月に筆者が博士学位の授与を受けた際の論文『「公共サービスの外部化」のジレンマ——NPMにもとづくエージェンシー化，独立行政法人化，民営化の検証を通じて——』を大幅に書きかえたものである．また，本書に関連する研究成果を以下のとおり発表しているが（括弧の各章は本書において主に該当する箇所を記載），本書の執筆に際しては大幅な加除修正を加えている．

- 「政府部内における『エージェンシー化』と統制の制度設計——日英比較によるNPMの理論と実際——」『公共政策研究』3，2003年．（第1章，第4章）
- 「独立行政法人制度と特殊法人等改革に関する研究——理念と政策上の課題——」『季刊政策分析』1(1)，2004年．（第3章）
- 「独立行政法人制度における評価の機能——中期目標期間終了時の見直しの意義とその課題——」『季刊行政管理研究』108，2004年．（第5章）
- 「独立行政法人制度とガバナンス——独立行政法人評価の観点から——」，山本啓編『ローカル・ガバメントとローカル・ガバナンス』法政大学出版局，2008年　（第3章，第5章）
- 「独立行政法人制度にみるNPM型改革の影響——独立行政法人評価の実際と独立行政法人整理合理化計画を踏まえて——」『日本評価研究』9(3)，2009年．（第5章）
- 「NPM型改革と独立行政法人評価の実際」，山谷清志編『公共部門の評価と管理』晃洋書房，2010年．（第5章）

- 「国レベルの事業仕分けと行政事業レビュー——政権交代の動向を踏まえて——」『山口経済学雑誌』66（1・2），2017年．（第6章）
- 「独立行政法人制度と研究開発評価」『山口経済学雑誌』67（3・4），2018年．（第7章）

　本書が完成するまでには，数多くの方々の指導，協力，助言，激励等があった．一人一人お名前をあげることは差し控えさせて頂くが，まずこの場を借りて厚くお礼を申し上げたい．それでも，筆者が大学教員に転職するきっかけとなった米国での学業生活から20年の間に多くの出会いやご縁があり，出版に恵まれたこの貴重な機会を借りて，特にお世話になった方には謝意を記させて頂きたい．

　初めに母校の法政大学である．まず，指導教授である廣瀬克哉先生に心から感謝の意を表したい．先生には大学院在学中から適切な指導を頂き，修了後の研究および教育活動等に際しても様々な尽力を頂いた．また，些細なことや的を射ていないことを含めて相談しているにもかかわらず，常に寛大かつ適切なアドバイスを頂けたおかげで，現在の筆者があるものと確信している．今後もこの学恩に報いていきたい．また，武藤博己先生には，筆者の指導教授でないにもかかわらず，貴重な指導を頂いた上，修了後の研究環境の提供等，親身になって対応して頂いた．そして，当時ともに学んだ新潟大学の南島和久先生には，公式・非公式にかかわらず常に助けて頂いており，現在の環境になんとか対応できているのは先生のおかげといっても過言でない．この場を借りて深く感謝の意を表したい．

　次は母校外からである．まず，同志社大学の山谷清志先生には，本書の出版の機会を含めて，常に支えて頂いている．筆者が適当な性格かつ下戸であるため，一席の粗相で叱られることもあるが，この場を借りて厚くお礼とお詫びを申し上げたい．また，東北大学大学院の山本啓先生には，修了後の研究会への参加や初めての共著の指導等，厳しくも寛大な支援を頂いた．そして，慶応義

塾大学の黒田昌裕先生には，米国での研究活動の際に非常に助けて頂いただけでなく，現地で先生の温厚な人柄に接していなければ，おそらく帰国後，学問の世界に進むことはなかったであろう．この場を借りて深謝を伝えたい．

　続いて現職の山口大学である．経済学部の教職員の皆様には温かい支援を頂いているところであるが，上記と同様，3名をあげるとするならば，富本幾文先生，馬田哲次先生，仲間瑞樹先生にはいつも支えて頂いており，この場を借りて心から感謝したい．

　その他，本書に関しては，訪英の際にお会いしたオックスフォード大学オール・ソウルズ・カレッジ（All Souls College）の Christopher Hood 先生をはじめとして，事例研究のために訪問した環境食糧農村地域省（DEFRA）や独立行政法人農薬検査所の当時の各職員を含む多くの関係者から貴重な意見等を頂いた．もっとも本書で述べたことについては，すべて筆者の責任であることはいうまでもない．

　本書からは外れるが，前職の石油公団および独立行政法人石油天然ガス・金属鉱物資源機構の多くの役職員にも，この場を借りてお礼を申し上げたい．石油公団による米国派遣がなければ，間違いなく今の環境に身を置いていることはなく，また現在の学務においても，有形・無形にかかわらず，前職の経験や知見を頼りに対処していることばかりだからである．

　刊行に当たっては，晃洋書房の丸井清泰氏と石風呂春香氏に多大な世話を頂いたこと，同僚の米岡秀眞先生によるエディティングを受けたこと，そして「山口大学経済学部研究双書基金新任研究者出版助成シリーズ第3冊」として出版されることにつき，厚くお礼申し上げたい．

　最後に，私事ながら両親と家族にも感謝したい．父は厳しいながらも経済的な面を含めて，大切に育ててくれたことを痛感している．母は残念ながら他界したものの，病気を患っている際に述懐していた「健康なうちにやりたいことをやりなさい」という言葉が強く残っており，今の職場に身を置くことの決心の一助となった．本書が少しでも両親への感謝の気持ちとなれば幸いである．

そして本書が完成できたのも，妻の内助の功があってこそ，である．結婚して
20年となる節目の年に，本書を愛妻とかけがえのない娘2人に捧げたい．

　　2018年12月

　　　　　　　　　　　　　　　　　　　　　西 山 慶 司

参 考 文 献

【邦文献】

縣公一郎［2008］「独立行政法人整理合理化計画」『季刊行政管理研究』121.

縣公一郎［2014］「独立行政法人制度とその評価制度の展望」『会計検査研究』49.

秋月謙吾［2010］「ガバナンスの時代の地方自治―― NPM と NPO ――」，村松岐夫編『テ
　キストブック地方自治〔第2版〕』東洋経済新報社.

飯塚俊太郎［2016］「独立行政法人制度――多様性のなかの行政組織――」『ダイバーシティ
　時代の行政学――多様化社会における政策・制度研究――』早稲田大学出版部.

飯塚俊太郎・堤麻衣［2015］「シンクタンクの役割と影響――国政における事業仕分けの採
　用過程――」『公共政策研究』15.

石上泰州［2001］「独立行政法人の政治・行政過程」，君村昌編『行政改革の影響分析：独立
　行政法人制度の創設と在り方』行政管理研究センター.

磯部力・大石眞・三辺夏雄・高橋滋・森田朗［1999］「行政改革の理念とこれから」『ジュリ
　スト』1156.

伊藤大一［1991］「行政管理の動向と課題」『季刊行政管理研究』55.

稲継裕昭［1999］「英国型 NPM（ニュー・パブリック・マネジメント）と日本への（非
　〔？〕）普及」『姫路法学』25・26.

稲継裕昭［2000a］『人事・給与と地方自治』東洋経済新報社.

稲継裕昭［2000b］「短期的業績給―― PRP（Performance Related Pay）について（公務員
　制度の研究〔5〕）――」『自治総研』263.

稲継裕昭［2003］「公務員制度改革――ニュージーランド，英国そして日本――」『年報行政
　研究』38.

稲継裕昭［2006］「独立行政法人の創設とその成果」『年報行政研究』41.

岩崎美紀子［2006］「行財政改革と市民社会」『地方自治』701.

上田章・笠井真一［2001］『条例規則の読み方・つくり方―― 市町村の実例を中心として
　――』学陽書房.

宇賀克也［1995］『行政手続法の理論』東京大学出版会.

梅川正美［1998］「イギリス行政機構の変容(1)」『愛知学院大学論叢法学研究』39(4).

梅川正美編［2010］『イギリス現代政治史』ミネルヴァ書房.

枝野幸男［2010］『「事業仕分け」の力』集英社.

大迫丈志［2012］「事業仕分けと行政事業レビュー――意義と課題――」『調査と情報』757.

大住荘四郎［1999］『ニュー・パブリック・マネジメント――理念・ビジョン・戦略――』

日本評論社.

大住荘四郎［2001］「ニュー・パブリック・マネジメントによる自治体改革」，本間正明・齊藤愼編『地方財政改革——ニュー・パブリック・マネジメント手法の適用——』有斐閣.

大住荘四郎［2002］『パブリック・マネジメント——戦略行政への理論と実践——』日本評論社.

大住荘四郎［2008］「日本に NPM は定着したか？」，村松岐夫編『公務改革の突破口：政策評価と人事行政』東洋経済新報社.

大住荘四郎・上山信一・玉村雅敏・永田潤子［2003］『日本型 NPM ——行政の経営改革への挑戦——』ぎょうせい.

大村敬一［1999］『現代ファイナンス』有斐閣.

岡村周一［1999］「イギリスにおける行政改革の理念と実像」『ジュリスト』1161.

岡本信一［2001］『独立行政法人の創設と運営——英国エージェンシーとの比較を通じて——』行政管理研究センター.

岡本義朗・高崎正有［2002］「独立行政法人における事後評価型業務運営の確立に向けて——英国，ニュージーランド，カナダの比較研究から得られる示唆——」『会計検査研究』26.

岡本義朗［2008］『独立行政法人の制度設計と理論』中央大学出版部.

金井利之［1999］「アウトソーシングの仕組み」『ジュリスト』1161.

金子隆昭［2007］「民営化された日本政策投資銀行は銀行になるのか——株式会社日本政策投資銀行法案——」『立法と調査』267.

苅谷剛彦［2017］『オックスフォードからの警鐘——グローバル化時代の大学論——』中央公論新社.

京都府立大学京都政策研究センター［2015］『「行政評価の推進に関する課題についての研究——職員負担に着目して——」報告書)』(http://www.kpu.ac.jp/cmsfiles/contents/0000004/4409/26gyouseihyouka.pdf, 2018年8月2日閲覧).

岸井大太郎［2002］「民間的経営手法の導入と契約化（Contractualisation）」『公営企業』34(8).

北沢栄［2005］「行革の実態　静かなる暴走——独立行政法人——」『世界』736.

君塚正臣［2008］「独立行政法人の憲法学——資料・独立行政法人一覧付——」『横浜国際社会科学研究』12(4・5).

君村昌［1998］『現代の行政改革とエージェンシー——英国におけるエージェンシーの現状と課題——』行政管理研究センター.

君村昌［2001］「イギリスにおけるエージェンシー化の進展と課題」，君村昌編『行政改革の影響分析——独立行政法人制度の創設と在り方——』行政管理研究センター.

君村昌［2003a］「ニューパブリックマネージメントとアカウンタビリティ——イギリスにお

ける経営管理責任と政治責任をめぐる争点――」『同志社法學』54(6).

君村昌［2003b］「連邦政府への志向とエージェンシー――イギリスにおける最近の問題状況――」『季刊行政管理研究』103.

君村昌［2006］「準政府をめぐる国際的研究動向――準自律的組織の予備的考察――」『同志社法學』58(1).

行政改革会議事務局編［1997］『諸外国の行政改革の動向』行政管理研究センター.

行政改革会議事務局 OB 会編［1998］『21世紀の日本の行政――内閣機能の強化，中央省庁の再編，行政の減量・効率化――』行政管理研究センター.

行政管理研究センター編［1977］『行政改革のビジョンⅠ』行政管理研究センター.

行政管理研究センター編［2001］『独立行政法人総覧』行政管理研究センター.

工藤裕子［1999］「NPM 理論のヨーロッパにおける展開と適用――イタリアの行政改革，地方分権政策を事例として――」『季刊行政管理研究』87.

久保木匡介［2000］「イギリスにおける NPM 改革の連続と断絶」『早稲田政治公法研究』64.

久保木匡介［2007］「NPM から公共経営へ」，藤井浩司・縣公一郎編『コレーク行政学』成文堂.

窪田好男［2003］「政策評価論――我が国自治体発の政策評価とその課題――」，足立幸男・森脇俊雅編『公共政策学』ミネルヴァ書房.

窪田好男［2016］「政策評価と民意」『公共政策研究』16.

経済企画庁編［2000］『経済白書――新しい世の中が始まる――〔平成12年版〕』大蔵省印刷局.

小池治［2001］「開発途上国のガバナンスと行政改革」『季刊行政管理研究』96.

構想日本編［2007］『入門　行政の「事業仕分け」――「現場」発！行財政改革の切り札――』ぎょうせい.

小西砂千夫［2002］『特殊法人改革の誤解』東洋経済新報社.

小林良彰［2012］『政権交代――民主党政権とは何であったのか――』中央公論新社.

児山正史［2005a］「NPM（新公共管理）の類型化」『人文社会論叢（社会科学篇）』13.

児山正史［2005b］「NPM（新公共管理）の構成要素」『人文社会論叢（社会科学篇）』14.

榊原秀訓［2001］「イギリス中央政治における NPM 手法と行政の変容」『行財政研究』46.

櫻井真司［2006］「制度導入から5年を経た独立行政法人の現状と課題」『立法と調査』256.

桜井徹［2004］「ニュー・パブリック・マネジメントと民営化――独立行政法人の分析――」『商学集志』74(2-4).

佐々木亮［2010］「アメリカにおけるメタ評価の現状」，総務省行政評価局『諸外国における政策評価のチェックシステムに関する調査研究報告書』(http://www.soumu.go.jp/main_sosiki/hyouka/seisaku_n/chousakenkyu/houkoku_2103.pdf，2018年8月2日閲覧).

佐藤章［2007］「事業仕分けからみた行政評価の課題」『日本評価研究』7(2).

佐藤章［2013］「事業仕分けから見た業績測定型評価の課題——「敬老祝金」事業の議論を通じて——」『地方自治研究』28(2).

讃岐建［1996］「英国行政機関のエージェンシー化の意義」『季刊行政管理研究』74.

三本木健治［1997］「英国エージェンシー化政策の状況」『調査と情報』292.

塩野宏［2001］『行政法Ⅲ〔第二版〕』有斐閣.

滋賀大学事業仕分け研究会・構想日本編［2011］『自治体の事業仕分け——進め方・活かし方——』学陽書房.

柴健次［1994］「イギリスにおける政府組織の市場化とアカウンタビリティ」『会計検査研究』10.

下條美智彦［1999］『イギリスの行政〔新装版〕』早稲田大学出版部.

下田隆二［2012］「研究開発を担う基盤としての大学・公的研究機関——総論——」, 国立国会図書館調査及び立法考査局『国による研究開発の推進——大学・公的研究機関を中心に——（科学技術に関する調査プロジェクト調査報告書)』.

白川一郎・富士通総研経済研究所編［1998］『行政改革をどう進めるか』日本放送出版協会.

新藤宗幸［1995］「予算の編成」, 西尾勝・村松岐夫編『政策と管理〔講座行政学第4巻〕』有斐閣.

新藤宗幸［1998］「予算管理」, 森田朗編『行政学の基礎』岩波書店.

政策評価研究会編［1999］『政策評価の現状と課題』木鐸社.

高木麻美・三浦雅央［2013］「民主党による行財政改革——事業仕分け／行政事業レビューは何をもたらしたか——」『季刊政策・経営研究』2013(1).

高崎正有・渡辺真砂世［2000］「独立行政法人における業績評価」『SRIC Report』5(2).

高橋滋［2000］「エイジェンシーの組織・運営原理」『公務研究』2(2).

多賀谷一照［1998］「独立行政法人論と行政制度」『季刊行政管理研究』82.

竹下譲［1999］「イギリスのエージェンシー」『都市問題研究』51(6).

竹中治堅［2017］『二つの政権交代——政策は変わったのか——』勁草書房.

田中一昭［1999］「独立行政法人とは何か」『都市問題研究』51(6).

田中二郎［1976］『新版行政法中巻〔全訂第二版〕』弘文堂.

田中啓［2014］『自治体評価の戦略——有効に機能させるための16の原則——』東洋経済新報社.

田中弥生［2014］「政権交代を超えた行政事業レビュー——改変過程と課題——」『日本評価研究』14(1).

堤和馬［2002］『特殊法人解体白書——ヒト・カネ・利権の全データ——』中央公論新社.

手塚洋輔［2012］「事業仕分けの検証——『予算編成』としての限界と『行政改革』としての可能性——」, 御厨貴編『「政治主導」の教訓——政権交代は何をもたらしたのか——』勁草書房.

寺西香澄［2007］「4機関統合による政策金融改革——株式会社日本政策金融公庫法案——」
　　『立法と調査』267.

東京市町村自治調査会［2010］『自治体における事業仕分け等に関する調査報告書』（http://
　　www.tama-100.or.jp/cmsfiles/contents/0000000/257/shiwake.pdf,　2018年8月2日閲
　　覧）.

特殊法人の情報公開の制度化に関する研究会［1998］「特殊法人の情報公開の制度化に関す
　　る調査研究」『季刊行政管理研究』83.

独立行政法人制度研究会編［2004］『独立行政法人制度の解説〔改訂〕』第一法規.

独立行政法人制度研究会編［2015］『独立行政法人制度の解説〔第3版〕』第一法規.

冨永朋義［2006］「行財政改革における「事業仕分け」の意義——自治体フィールドワーク
　　の進化と成果——」『ガバナンス』60.

外山公美［2014］「独立行政法人制度の現状と課題」，外山公美・平石正美・中村祐司他『日
　　本の公共経営——新しい行政——』北樹出版.

長島正己［2005］「独立行政法人の自律性と組織ガバナンス」『北大法学研究科ジュニア・リ
　　サーチ・ジャーナル』11（https://eprints.lib.hokudai.ac.jp/dspace/bitstream/2115/
　　22348/1/11_P165-198.pdf,　2018年8月2日閲覧）.

中西渉［2014］「独立行政法人制度改革——独立行政法人通則法改正法，同整備法の成立
　　——」『立法と調査』357.

中野雅至［2009］『天下りの研究——その実態とメカニズムの解明——』明石書店.

中堀一郎［1999］「研究開発プロセスの創発性」『システム／制御／情報』43(12).

中村信行［2010］「独立行政法人をめぐる動きについて」『季刊行政管理研究』131.

南島和久［1999］「行政における『アカウンタビリティ』の課題——政策の民主的コントロ
　　ールをめぐる一考察——」『政治をめぐって』18.

南島和久［2007］「府省における政策評価の中立性および客観性——グリッド／グループ文
　　化理論に基づく考察——」『法学志林』104(4).

南島和久［2010］「NPMをめぐる2つの教義——評価をめぐる『学』と『実務』——」，山
　　谷清志編『公共部門の評価と管理』晃洋書房.

南島和久［2011］「府省における政策評価と行政事業レビュー——政策管理・評価基準・評
　　価階層——」『会計検査研究』43.

南島和久［2018］「評価——アカウンタビリティと改善——」，石橋章市朗・佐野亘・土山希
　　美枝・南島和久『公共政策学』ミネルヴァ書房.

並河信乃［2002］『よくわかる特殊法人改革』東洋経済新報社.

新川達郎［2000］「独立行政法人制度の意義と課題」，田中一昭・岡田彰編『中央省庁改革
　　——橋本行革が目指した「この国のかたち」——』日本評論社.

新妻健一［2008］「緑資源機構の廃止——廃止に至る経緯と今後の対応——」『立法と調査』

278.

西尾勝 [2001]『行政学〔新版〕』有斐閣.

西出順郎 [2010]「政府部門評価の研究についての探索的考察——1950年代前後の行政測定研究を中心に——」『季刊行政管理研究』131.

西村美香 [1997]「New Public Management（NPM）と公務員制度改革」『成蹊法学』45.

西山慶司 [2003]「政府部内における『エージェンシー化』と統制の制度設計——日英比較によるNPMの理論と実際——」『公共政策研究』3.

西山慶司 [2004a]「独立行政法人制度と特殊法人等改革に関する研究——理念と政策上の課題——」『季刊政策分析』1(1).

西山慶司 [2004b]「独立行政法人制度における評価の機能——中期目標期間終了時の見直しの意義とその課題——」『季刊行政管理研究』108.

西山慶司 [2005]「地方独立行政法人の評価設計の課題——国の独立行政法人評価の経験から——」『自治総研』324.

西山慶司 [2008]「独立行政法人制度とガバナンス——独立行政法人評価の観点から——」，山本啓編『ローカル・ガバメントとローカル・ガバナンス』法政大学出版局.

西山慶司 [2009]「独立行政法人制度にみるNPM型改革の影響——独立行政法人評価の実際と独立行政法人整理合理化計画を踏まえて——」『日本評価研究』9(3).

西山慶司 [2010]「NPM型改革と独立行政法人評価の実際」，山谷清志編『公共部門の評価と管理』晃洋書房.

西山慶司 [2017]「国レベルの事業仕分けと行政事業レビュー——政権交代の動向を踏まえて——」『山口経済学雑誌』66(1・2).

西山慶司 [2018]「独立行政法人制度と研究開発評価」『山口経済学雑誌』67(3・4).

根本勝則 [2000]「行政改革会議の役割と論点」，田中一昭・岡田彰編『中央省庁改革——橋本行革が目指した「この国のかたち」——』日本評論社.

野田勝康 [2001]「NPM理論とPFIモデルによる社会資本整備」『政策科学』9(1).

信国隆裕 [2008]「独立行政法人制度の見直しに向けた最近の動き——独法見直しへの取組と独法をめぐる議論——」『立法と調査』279.

長谷部恭男 [1998]「独立行政法人」『ジュリスト』1133.

浜川清 [1998]「省庁の再編成」『ジュリスト』1133.

原田久 [1999]「NPMをめぐる学と実務の国際比較」『季刊行政管理研究』88.

原田久 [2003]「NPM改革と政府システム——国際比較の観点から——」，武智秀之編『福祉国家のガヴァナンス』ミネルヴァ書房.

晴山一穂 [2000]「独立行政法人通則法の概要と論点」『労働法律旬報』1482.

東田親司 [2004]『現代行政と行政改革——改革の要点と運用の実際〔新版〕——』芦書房.

東田親司 [2008]『私たちのための行政』芦書房.

東田親司［2010］『私たちのための行政〔改訂版〕』芦書房.

東田親司［2012］『現代行政の論点』芦書房.

東田親司［2014］『政治・行政・政策をどう改革すべきか──40の直言──』芦書房.

人見剛［2000］「公立大学と独立行政法人」『自治総研』266.

平松英哉［2004］「イギリス会計検査院による事例研究の研究──有効な外部評価制度の条件を求めて──」『日本評価研究』4(2).

廣瀬克哉［1998］「政策手段」, 森田朗編『行政学の基礎』岩波書店.

福井健太郎・横澤良子［2008］「独立行政法人における『経営』(マネジメント) の必要性」『季刊政策・経営研究』2008(4).

藤井直樹［2012］「撤回された『政治主導確立法案』をめぐって」, 御厨貴編『「政治主導」の教訓──政権交代は何をもたらしたのか──』勁草書房.

藤田宙靖［1999a］『省庁再編と国家的機能』北大立法過程研究会 (http://www.law.tohoku.ac.jp/~fujita/hokudai-koen.html, 2018年8月2日閲覧).

藤田宙靖［1999b］「国立大学と独立行政法人制度」『ジュリスト』1156.

藤田宙靖［2001］『行政組織法〔新版〕』良書普及会.

古川俊一［2001］「独立行政法人の制度設計」『公共政策研究〔新装創刊号〕』.

古川俊一［2002］「公共経営とは何か」, 古川俊一・NTT データシステム科学研究所編『公共経営と情報通信技術──「評価」をいかにシステム化するか──』NTT 出版.

古川俊一・北大路信郷［2004］『公共部門評価の理論と実際──政府から非営利組織まで〔新版〕──』日本加除出版.

毎熊浩一［2001］「NPM のパラドックス？」『年報行政研究』36.

毎熊浩一［2002］「NPM 型行政責任再論──市場式アカウンタビリティとレスポンシビリティの矛盾──」『会計検査研究』25.

増島俊之［1999］「行政改革の現状と評価」『日本公共政策学会年報1999』(www.ppsa.jp/pdf/journal/pdf1999/1999-01-013.pdf, 2018年8月2日閲覧).

松中昭一［2000］『農薬のおはなし』日本規格協会.

松原聡［1995］『特殊法人改革』日本評論社.

真渕勝［2009］『行政学』有斐閣.

三菱 UFJ リサーチ＆コンサルティング［2007a］『諸外国における独立行政法人制度に関する調査』(http://www.soumu.go.jp/main_content/000078223.pdf, 2018年8月2日閲覧).

三菱 UFJ リサーチ＆コンサルティング［2007b］『実施庁の実績評価の現状と課題に関する調査』(http://www.meti.go.jp/policy/policy_management/refrect/fy18itakutyosa/jishicho.pdf, 2018年8月2日閲覧).

南学［2013a］「自治体経営改革ツールとしての事業仕分け (CASE23) ──手法としての事業仕分け (上) ──」『地方財務』704.

南学［2013b］「自治体経営改革ツールとしての事業仕分け（最終回）――手法としての事業仕分け（下）――」『地方財務』705.

箕浦龍一［2006］「独立行政法人制度創設と法人見直し」，田中一昭編『行政改革〔新版〕』ぎょうせい.

宮川萬里夫［1992］「英国における行政の効率化」『季刊行政管理研究』57.

宮脇淳［1998］『行財政改革の逆機能』東洋経済新報社.

宮脇淳［2001］「自治体における PFI とエージェンシー化への取組み」，本間正明・齊藤愼編『地方財政改革――ニュー・パブリック・マネジメント手法の適用――』有斐閣.

宮脇淳・梶川幹夫［2001］『「独立行政法人」とは何か――新たな公会計制度の構築――』PHP 研究所.

民営化に関する研究会［1998］『国鉄改革に学ぶ――民間から見た行財政改革の課題と現状――』政策科学研究所.

六十里繁［2012］「府省における政策決定過程の変革――政策評価・事業仕分け・提言型政策仕分け・行政事業レビューを中心に――」『CUC view & vision』34.

村松岐夫［2003］「独立行政法人評価とは何か」『学術の動向』8(8).

茂木康俊［2015］「行政評価ブーム後の自治体における政策評価制度の変化と課題――『評価不安』概念を手がかりにした全国調査に基づく『評価疲れ』の検討――」『地方自治研究』30(2).

森田倫子［2012］「研究開発法人の概要とその制度の見直しの経緯」，国立国会図書館調査及び立法考査局『国による研究開発の推進――大学・公的研究機関を中心に――（科学技術に関する調査プロジェクト調査報告書）』.

森田弥生［2015］「独立行政法人制度における評価」『日本評価研究』15(1).

森田弥生［2017］「テキストマイニングによる独立行政法人の活動分析」『日本評価研究』18(1).

藪長千乃［2007］「NPM 改革と自治体における福祉サービス供給――フィンランド 3 自治体の事例から――」『文京学院大学人間学部研究紀要』9(1).

山口二郎［2012］『政権交代とは何だったのか』岩波書店.

山地秀俊［2002］「情報公開論の諸相」『会計検査研究』26.

山田幸男［1957］『公企業法〔法律学全集13〕』有斐閣.

山本清［2000］『自治体経営と政策評価――消極的顧客主義を超える NPM を――』公人の友社.

山本清［2003］「NPM の国際比較――その有用性と課題――」『季刊行政管理研究』103.

山本清［2008］「合理的根拠に基づく制度改革を――独立行政法人制度の見直し――」『会計検査資料』516.

山本清［2013］『アカウンタビリティを考える――どうして「説明責任」になったのか――』

NTT 出版.

山本隆司［1999］「独立行政法人」『ジュリスト』1161.

山谷清志［1989］「能率の政治――行政管理におけるサッチャリズム――」，総務庁長官官房企画課『英国における行政管理の改善に関する調査報告書』.

山谷清志［1997］『政策評価の理論とその展開――政府のアカウンタビリティ――』晃洋書房.

山谷清志［2000］「評価の多様性と市民」，西尾勝編『行政評価の潮流』行政管理研究センター.

山谷清志［2006］『政策評価の実践とその課題――アカウンタビリティのジレンマ――』萌書房.

山谷清志［2010a］「序」，山谷清志編『公共部門の評価と管理』晃洋書房.

山谷清志［2010b］「公共部門における 3 つの『評価』」，山谷清志編『公共部門の評価と管理』晃洋書房.

山谷清志［2012］『政策評価〔BASIC 公共政策学第 9 巻〕』ミネルヴァ書房.

吉田民雄［2000］「行政サービスの民営化と地方政府の公共システム改革」『都市問題』91(2).

笠京子［2000］「行政組織の決定制度と行政組織改革」『香川法学』19(3・4).

蓮舫［2010］『一番じゃなきゃダメですか？』PHP 研究所.

和田明子［2007］『ニュージーランドの公的部門改革―― New Pubic Management の検証――』第一法規.

【欧文献】

Agencies and Public Bodies Team［2006］*Executive Agencies: A Guide for Departments*, London: Cabinet Office.

Agency Service Delivery Team［2002］*Better Government Service: Executive Agencies in the 21st Century*, London: Cabinet Office.

Barzelay, M.［2001］*The New Public Management: Improving Research and Policy Dialogue*, Berkelcy, California: University of California Press.

Barzelay, M.［2002］"Origins of the New Public Management: An International View from Public Administration/Political Sciences," in McLaughlin, K., Osborne, S. and Ferlie, E. eds., *New Public Management: Current Trends and Future Prospects*, London: Routledge.

Behn, R.［2003］"Why Measure Performance ? Different Purposes Require Different Measures," *Public Administration Review*, 63(5).

Black, D.［1976］*The Behavior of Law*, London: Academic Press.

Butt, H. and Palmar, R.［1985］*Value for Money in the Public Sector: The Decision*

Maker's Guide, Oxford: Blackwell.

Efficiency Unit [1988] *Improving Management in Government: The Next Steps, Report to the Prime Minister,* London: HMSO（山崎克明訳「政府における能率の改善――次のステップ　内閣総理大臣への報告――」，総務庁長官官房企画課『英国における行政管理の改善に関する調査報告書』，1989年）.

Hatry, H. [1999] *Performance Measurement: Getting Results,* Washington, D. C.: Urban Institute Press（上野宏・上野真城子訳『政策評価入門――結果重視の業績測定――』東洋経済新報社，2004年）.

HM Treasury [2003] *Setting Key Targets for Executive Agencies: A Guide,* London: HMSO.

Hoggett, P. [1996] "New Modes of Control in the Public Service", *Public Administration,* 74.

Hogwood, B. W. [1993] "Restructuring Central Government: The Next Steps' Initiative in Britain," in Eliassen, K. A. and Looiman, J. eds., *Managing Public Organization: Lessons from Contemporary European Experience,* London: Sage Publications.

Hood, C. [1991] "A public management for all seasons?" *Public Administration,* 69.

Hood, C. [1994] *Explaining Economic Policy Reversals,* Buckingham: Open University Press.

Hood, C. and Jackson, M. [1991] *Administrative Argument,* Aldershot: Dartmouth.

Hood, C., Scott, C., James, O., Jones, G. and Travers, T. [1999] *Regulation inside Government: Waste-watchers, Quality Police, and Sleaze-busters,* New York: Oxford University Press.

Hughes, O. [2012] *Public Management and Administration: An Introduction,* Fourth Edition, Basingstoke: Palgrave Macmillan.

James, O. [2001] "Business Models and the Transfer of Businesslike Central Government Agencies," *Governance,* 14(2).

James, O. [2004] "Executive Agencies and Joining-up Government in the UK," in Pollitt, C. and Talbot, C. eds., *Unbundled Government: A Critical Analysis of the Global Trend to Agencies, Quangos and Contractualisation,* New York: Routledge.

Jensen, M. and Meckling, W. [1976] "Theory of the Firm: Managerial Behavior, Agency Costs and Ownership Structure," *Journal of Financial Economics,* 3(4).

Lane, J-E. [2009] *State Management: An Enquiry into Models of Public Administration & Management,* Abingdon, Oxfordshire: Routledge（稲継裕昭訳『テキストブック政府経営論』勁草書房，2017年）.

Morgan, C. and Murgatroyd, S. [1994] *Total Quality Management in the Public Sector:*

An International Perspective, Maidenhead, Berkshire: Open University Press.

Newman, J. [2002] "The New Public Management, Modernization and Institutional Change," in McLaughlin, K., Osborne, S. and Ferlie, E. eds., *New Public Management: Current Trends and Future Prospects*, London: Routledge.

Osborne, D. and Gaebler, T. [1992] *Reinventing Government: How the Entrepreneurial Spirit is Transforming the Public Sector*, Reading, Massachusetts: Addison-Wesley (野村隆監修・高地高司訳『行政革命』日本能率協会マネジメントセンター，1995年).

Pierre, J. and Peters, G. [2000] *Governance, Politics and the State*, New York: St. Martin's Press.

Pollitt, C. and Bouckaert, G. [2011] *Public Management Reform: A Comparative Analysis: New Public Management, Governance, and the Neo-Weberian State*, Third Edition, New York: Oxford University Press.

Rhodes, R. A. W. [1997] *Understanding Governance: Policy Networks, Governance, Reflexivity and Accountability*, Maidenhead, Berkshire: Open University Press.

Rhodes, R. A. W. [2000] "Governance and Public Administration," in Pierre, J. ed., *Debating Governance*, New York: Oxford University Press.

Sanuki, K. [2005] "The System and Current Practice of the Incorporated Administrative Agencies in Japan,"『季刊行政管理研究』109.

Talbot, C. [2004] "The Agency Idea: Sometimes Old, Sometimes New, Sometimes Borrowed, Sometimes Untrue," in Pollitt, C. and Talbot, C. eds., *Unbundled Government: A Critical Analysis of the Global Trend to Agencies, Quangos and Contractualisation*, New York: Routledge.

Treasury and Civil Service Committee [1988a] *Civil Service Management Reform: The Next Steps, Vol. 1, Eighth Report, Session 1987-88, HC494-I*, London: HMSO（山崎克明訳「公務員制管理改革——次のステップ　第1巻　報告および委員会議事録——」，総務庁長官官房企画課『英国における行政管理の改善に関する調査報告書』，1989年).

Treasury and Civil Service Committee [1988b] *Civil Service Management Reform: The Next Steps, The Government Reply to the 8th Report, Session 1987-88, HC494-I*, London: HMSO（山崎克明訳「公務員制管理改革——次のステップ　政府の回答——」，総務庁長官官房企画課『英国における行政管理の改善に関する調査報告書』，1989年).

Yamamoto, K. [2004] "Agencification in Japan: Renaming or Revolution?" in Pollitt, C. and Talbot, C. eds., *Unbundled Government: A Critical Analysis of the Global Trend to Agencies, Quangos and Contractualisation*, New York: Routledge.

索　引

〈ア　行〉

アウトカム　18, 26, 169, 191
アウトプット　18, 26, 169, 190
アカウンタビリティ　11, 29, 46, 55, 94, 98
天下り　84
インプット　18, 190
エージェンシー　1, 27, 35, 39, 41-43, 47-49, 53, 61, 62, 89, 107, 111
エージェンシー化　1, 4, 6, 11, 15, 26-28, 59, 60, 62, 69, 89, 110, 197
エージェント　5, 21

〈カ　行〉

改正通則法　3, 177, 181, 185
環境食料農村地域省（DEFRA）　89
簡素で効率的な政府を実現するための行政改革の推進に関する法律（行政改革推進法）　127
管理の自由　1, 26, 28, 42, 72, 112, 200, 201
企画立案部門　2, 21, 22, 27, 59, 60, 65, 68, 76, 115
疑似契約　5
教員研修センター　121, 122
行政改革会議　2, 60
行政減量・効率化有識者会議（新有識者会議）　123, 126, 127, 130, 134
行政事業レビュー　147, 161, 162, 164, 169
行政事業レビューシート（レビューシート）　154, 163, 170
業績測定　30, 74, 140, 149
業務計画　48
契約化　4, 11, 48, 197
結果による管理　42, 72
研究開発成果の最大化　188, 189
研究開発法人　9, 177, 183, 188-190
減量　62, 66, 68
公共サービスの外部化　1, 6, 197
公務員制マネジメント改革（ヒギンズ報告）　45

コンプライアンス・コスト　111

〈サ　行〉

（行政改革会議）最終報告　2, 4, 59, 62, 65, 69, 74, 80, 81, 178
財務管理イニシアティブ　37
事業計画　48
事業仕分け　147, 149, 151, 154, 157, 158, 167, 169, 171
施策・事業シート　154, 170
市場志向　26
市場メカニズム　2, 11
執行部門　2, 21, 22, 27, 59, 60, 65, 68, 76, 115
事務事業評価　149, 150
重要業績評価指標　170
新制度派経済学　5, 21
政策評価・独立行政法人評価委員会（政独委員会）　3, 72, 81, 104, 109, 115-117, 122, 124, 127, 137, 139, 179, 181
成長戦略のための新たな研究開発法人制度について（研究開発報告書）　185, 189
政府におけるマネジメントの改善（イブス報告）　35, 38, 43, 44
総合科学技術会議　159, 184, 188, 189
組織管理論　6, 22

〈タ　行〉

大臣のための管理情報システム　37
チーフ・エグゼクティブ　16, 47, 53, 90, 94, 98
中期計画　72, 104, 107, 111
中期目標　72, 82, 103, 104, 107, 111, 136
特殊法人　2, 78, 79, 178
特殊法人等整理合理化計画　2, 131, 134
特定国立研究開発法人　186, 189
独立行政法人　6, 59, 61, 62, 66, 67, 69, 74, 78, 89, 105, 157, 177, 197
独立行政法人化　4, 78, 125, 197
独立行政法人改革等に関する基本的な方針について（改革基本方針）　185, 188

独立行政法人整理合理化計画　128, 131, 135, 136, 182
独立行政法人通則法（通則法）　2, 72, 77, 78, 84, 100, 103, 108
独立行政法人評価委員会（府省委員会）　3, 72, 81, 103, 109, 115-117, 137, 139, 140, 181
独立行政法人有識者会議（旧有識者会議）　123, 124

〈ナ　行〉

ニュー・パブリック・マネジメント（NPM）　1, 11-13, 17, 21, 22, 25, 72, 197
　　市場型――　6
　　企業型――　6
　　――型改革　2, 18, 200
年次報告書　48
年度計画　72, 106, 108, 111

農薬安全庁（PSD）　89, 90, 94, 106
農薬検査所　89, 100, 103, 106

〈ハ　行〉

バリュー・フォア・マネー　18, 36
評価の評価　72
プリンシパル　5, 21
フレームワーク・ドキュメント　16, 39, 47, 91
骨太方針　1, 124, 127, 128, 142
ボンディング・コスト　22

〈ヤ・ラ行〉

予算編成　76, 77, 120, 148, 153, 163, 169
リレーショナル・ディスタンス　25, 26, 30, 55, 76, 111
レスポンシビリティ　29, 44, 55

索　引

〈ア 行〉

アウトカム　18, 26, 169, 191
アウトプット　18, 26, 169, 190
アカウンタビリティ　11, 29, 46, 55, 94, 98
天下り　84
インプット　18, 190
エージェンシー　1, 27, 35, 39, 41-43, 47-49, 53, 61, 62, 89, 107, 111
エージェンシー化　1, 4, 6, 11, 15, 26-28, 59, 60, 62, 69, 89, 110, 197
エージェント　5, 21

〈カ 行〉

改正通則法　3, 177, 181, 185
環境食料農村地域省（DEFRA）　89
簡素で効率的な政府を実現するための行政改革の推進に関する法律（行政改革推進法）　127
管理の自由　1, 26, 28, 42, 72, 112, 200, 201
企画立案部門　2, 21, 22, 27, 59, 60, 65, 68, 76, 115
疑似契約　5
教員研修センター　121, 122
行政改革会議　2, 60
行政減量・効率化有識者会議（新有識者会議）　123, 126, 127, 130, 134
行政事業レビュー　147, 161, 162, 164, 169
行政事業レビューシート（レビューシート）　154, 163, 170
業績測定　30, 74, 140, 149
業務計画　48
契約化　4, 11, 48, 197
結果による管理　42, 72
研究開発成果の最大化　188, 189
研究開発法人　9, 177, 183, 188-190
減量　62, 66, 68
公共サービスの外部化　1, 6, 197
公務員制マネジメント改革（ヒギンズ報告）　45

〈サ 行〉

コンプライアンス・コスト　111

（行政改革会議）最終報告　2, 4, 59, 62, 65, 69, 74, 80, 81, 178
財務管理イニシアティブ　37
事業計画　48
事業仕分け　147, 149, 151, 154, 157, 158, 167, 169, 171
施策・事業シート　154, 170
市場志向　26
市場メカニズム　2, 11
執行部門　2, 21, 22, 27, 59, 60, 65, 68, 76, 115
事務事業評価　149, 150
重要業績評価指標　170
新制度派経済学　5, 21
政策評価・独立行政法人評価委員会（政独委員会）　3, 72, 81, 104, 109, 115-117, 122, 124, 127, 137, 139, 179, 181
成長戦略のための新たな研究開発法人制度について（研究開発報告書）　185, 189
政府におけるマネジメントの改善（イブス報告）　35, 38, 43, 44
総合科学技術会議　159, 184, 188, 189
組織管理論　6, 22

〈タ 行〉

大臣のための管理情報システム　37
チーフ・エグゼクティブ　16, 47, 53, 90, 94, 98
中期計画　72, 104, 107, 111
中期目標　72, 82, 103, 104, 107, 111, 136
特殊法人　2, 78, 79, 178
特殊法人等整理合理化計画　2, 131, 134
特定国立研究開発法人　186, 189
独立行政法人　6, 59, 61, 62, 66, 67, 69, 74, 78, 89, 105, 157, 177, 197
独立行政法人化　4, 78, 125, 197
独立行政法人改革等に関する基本的な方針について（改革基本方針）　185, 188

独立行政法人整理合理化計画　128, 131, 135, 136, 182

独立行政法人通則法（通則法）　2, 72, 77, 78, 84, 100, 103, 108

独立行政法人評価委員会（府省委員会）　3, 72, 81, 103, 109, 115-117, 137, 139, 140, 181

独立行政法人有識者会議（旧有識者会議）　123, 124

〈ナ　行〉

ニュー・パブリック・マネジメント（NPM）　1, 11-13, 17, 21, 22, 25, 72, 197
　市場型——　6
　企業型——　6
　——型改革　2, 18, 200
年次報告書　48
年度計画　72, 106, 108, 111

農薬安全庁（PSD）　89, 90, 94, 106
農薬検査所　89, 100, 103, 106

〈ハ　行〉

バリュー・フォア・マネー　18, 36
評価の評価　72
プリンシパル　5, 21
フレームワーク・ドキュメント　16, 39, 47, 91
骨太方針　1, 124, 127, 128, 142
ボンディング・コスト　22

〈ヤ・ラ行〉

予算編成　76, 77, 120, 148, 153, 163, 169
リレーショナル・ディスタンス　25, 26, 30, 55, 76, 111
レスポンシビリティ　29, 44, 55

《著者紹介》

西山慶司（にしやま　けいじ）

　2003年　法政大学大学院社会科学研究科政治学専攻修士課程修了　博士（政治学）
　現　在　山口大学経済学部准教授

主要業績

　「政府部内における『エージェンシー化』と統制の制度設計──日英比較によるNPM
　　の理論と実際──」（『公共政策研究』3，2003年）
　『ローカル・ガバメントとローカル・ガバナンス』（共著，法政大学出版局，2008年）
　『公共部門の評価と管理』（共著，晃洋書房，2010年）

ガバナンスと評価 6
公共サービスの外部化と「独立行政法人」制度

2019年3月30日　初版第1刷発行　　　＊定価はカバーに
　　　　　　　　　　　　　　　　　　　　表示してあります

　　　　　　　　　　著　者　　西　山　慶　司ⓒ
　　　　　　　　　　発行者　　植　田　　　実
　　　　　　　　　　印刷者　　江　戸　孝　典

　　　　　　　発行所　株式会社　晃　洋　書　房

　　　　　　〒615-0026　京都市右京区西院北矢掛町7番地
　　　　　　　　　　　　電話　075(312)0788番(代)
　　　　　　　　　　　　振替口座　01040-6-32280

装丁　クリエイティブ・コンセプト　印刷・製本　㈱エーシーティー
ISBN978-4-7710-3173-9

JCOPY 〈(社)出版者著作権管理機構　委託出版物〉
本書の無断複写は著作権法上での例外を除き禁じられています．
複写される場合は，そのつど事前に，(社)出版者著作権管理機構
（電話 03-5244-5088, FAX 03-5244-5089, e-mail: info@jcopy.or.jp）
の許諾を得てください．